日本の教師、その12章
困難から希望への途を求めて

久冨善之

新日本出版社

まえがき──日本の教師の「困難と希望」を３部構成で考える

　この30年ほど、学校教師という存在とは何だろうか、ということを考えてきた。その間に、日本の教師たちをめぐる状況は悪化の一途をたどったように思う。

　「これでいいのだろうか？　教師たちの状況がこんなに困難では、かれらに教わって学習する子どもたちも不幸ではないか？」というようにある時期から考えるようになった。

　それまではむしろ、教師層が持つ特有の体質のようなものにやや批判的な文章も書いていたのだが、90年代半ば以降は（その特有の体質への批判はあっても）いま置かれている状況のひどさのほうが、もっと重要だと考えるようになった。同時に、日本の教師層が財産として持ってきた「子ども思い」や「実践志向」といった特質についてあらためて見直し、教師のことを記述するようになった。

　本書は、上のような30年間の「学校教師とは何か」に関する筆者の模索を、プロローグを出発点に３部構成でまとめたものである。プロローグは、東日本大震災での学校・子ども被災についての教師責任問題の様相を、本書の導入とした。

　第Ⅰ部「日本の教師たちの今日的受難」では、「教師がこういう状況に置かれていては、日本の教育全体が大変だ。子どもたちも、親にとっても不幸だ」と筆者が思う事態をいくつかに分けてまとめた。新採１年目教師の困難・苦悩とうつ病・自殺事件が示すもの、さらにベテラン教師を含む日本の教師層全体を覆う暗雲と圧迫をとり上げた。それらの背景にある要因として、子ども・親や社会の変化とともに、近年の教育改革が進める「行政犯罪」とも呼ばれる政策を批判的に検討した。これらを通じて、今日の教師たちの大

変さが伝われば幸いである。

　第Ⅱ部「教師という仕事柄の歴史的・文化的再考」は、視野をもう少し広げて、近代の学校制度と学校教師という職業が19世紀に成立し、その後の歴史的展開としていまの教師たちの置かれた状況があるという、歴史的文脈と文化論の文脈とで教師の仕事柄への理解を深めようとしている。そこでは、学校教師というものが歴史の中である役割と地位を背負って登場したものであること、教師が「学校で教える」という仕事は意外なほど難しい特有の性格を持つことを考察した。そして、教師たちはその難しさを何とか乗り切ろうとして「教師たちの独特の行動型やことがらへの意味づけ（＝教員文化）」を創出し継承してきたし、また「学校の当たり前（＝学校文化）」を子どもたち・親たち・地域住民と共同形成し長く共有してきたことを明らかにした。そして近年は、そのような共有関係が崩れ、伝統的教員文化が教師たちを支える働きを弱めてしまった。そこに、今日の教師たちの苦難があるのだという筆者の理解を展開した。これは、第Ⅰ部の教師をめぐる状況が「困難の折り重なり」となっている背景を歴史的・文化的に説明するものになっている。

　第Ⅲ部「日本の教師たちのアイデンティティと希望」は、以上のような状況・背景の中でも、日本の教師たちが、その教師らしさをとり戻す〈希望〉についての考察である。そこではまず、教師の国際比較調査データから、教師の仕事の共通性と日本的独自性を整理した。日本の教師たちが歴史的・倫理的・集団的な財産として持ってきた「教育実践」志向の今日的な意味を考察した。そして学校関係者の中で教師だけが特権的に信頼される文化が過去のものになったとすれば、教師たちが仕事を通してとり結ぶ（子どもとの、親との、住民との、同僚教師との）社会関係、それらの学校当事者たちの相互交流・参加・信頼のあらためての形成の中に、教師が手放すことのできない「教職アイデンティティ」を確保し維持する今日的な文脈があるという、筆者の考える「教師の希望」の方向性を提起した。

　「日本の教育のこれからに希望を託したい」という思いを込めて執筆した。

全3部を通して、「学校教師とは何か」「日本の教師はどのように教師であり得たか」「いまの教師たちにどのような希望の回路があり得るか」について筆者が考えてきたこと、伝えたい・訴えたいことを、とりあえず書いたということになる。

　本書を通じて、学校教師とその仕事についての理解が少しでも深まる面があれば、と願うばかりである。

2016年11月　　久冨　善之

目　　次

まえがき――日本の教師の「困難と希望」を３部構成で考える　1

プロローグ　90年を隔てた２つの出来事
　　――大川小被災と小野さつき訓導殉職　9

第Ⅰ部　　日本の教師たちの今日的な受難　21

第１章　ある新採教師の被災事件が教えること　22
　　1　木村百合子さん被災事件と公務災害訴訟の経過　22
　　2　静岡地裁判決文が「教師・学校」の理解として示すもの　23
　　3　木村裁判・判決が、日本の教育と教師のあり方に持つ意味と課題　29

第２章　教師１年目は特別に難しくなっている!?　37
　　1　１年目教師が直面する困難
　　　　―― その共通点と分かれ道　37
　　2　新採教師は１年後に全国的にどうなっているか？　44
　　3　「低い信頼」から歩み出す新採教師に、先輩たちは　47

第３章　教師たちが置かれた圧迫状況とその背景要因　51
　　1　ベテランも含む教師層全体の苦悩が深い　51
　　2　「強い圧迫」を示す統計データを見る　52
　　3　「圧迫」の背景にある要因を考える　59

第4章　教育改革・教育政策が進める「行政犯罪」　65

1　教育政策・教育行政が、圧迫の元凶要因に　65

2　この間の教育改革・教育政策の「犯罪」的・圧迫的性格　66

3　学校と教師を圧迫する諸改革の「学校像・教師像」　77

第Ⅱ部　　教師という仕事柄の歴史的・文化的再考　85

第5章　学校教師という存在の歴史的・社会的な特徴　86

1　近代学校制度に雇用されて、教える存在として　86

2　学校教師は職業層として人数が多い　87

3　学校知識の教授と、集団規律の指導　97

第6章　教師の教える仕事の意外なほどの難しさ　99

1　「教える」行為の文脈的な違いと、近代学校の文脈的特質　99

2　学校教師の「教える」仕事には特有の難しさがある　102

3　教師たちが社会層として抱え込む難問　106

第7章　教員文化・学校文化という存在とその働き　110

1　学校と教師が抱える難問と、そこに生まれる文化　110

2　学校文化はこうして形成された　114

3　教師の難しさを支え乗り切る「教員文化」　117

第8章　「文化の共有関係」はどう衰退したか　127

1　文化の形成・共有とその後退をめぐって　127

2　子ども・親・住民との文化の共有関係はどこで後退したか　131

3　「文化の共有関係」の本格的衰退とそのなかの歪み
　　——戦後第Ⅲ期の動態　139

第Ⅲ部　日本の教師たちのアイデンティティと希望　147

第9章　教師には教職アイデンティティが必要である
──国際比較調査から　148

1　文化としての「教職アイデンティティ」　148

2　教師の仕事と教職観を考える
　　──ある国際比較教師調査を通して（その1）　151

3　教職アイデンティティ確保の様相
　　──ある国際比較教師調査を通して（その2）　159

第10章　日本の教師たちが持つ「教育実践」志向　169

1　近代学校の教師たちに生まれる実践志向　169

2　教師の実践性と階級・階層性　171

3　実践志向を持つ教員文化の内部にはらむ二重性　176

第11章　教師の教育活動が教育実践として生きて作用するために　186

1　教育実践を成立させる基本姿勢・実践手法に関して　186

2　教師たちの教育実践とその志向を支えるものとして　189

3　教科研は「教師の困難」にどうとり組んだのか
　　──教科研「教師部会」「教師の危機と希望分科会」の歩み　194

第12章　日本の教員文化の再構成をめぐる課題
──苦難から希望へ　207

1　教師自身の「教職観」の戦後第Ⅱ期から第Ⅲ期への変化　208

2　教師自身の「教職観」のこの10年間の変化を、6項目で見る　212

3　教員文化の特権性から民主性への転換課題　216

4　民主的教員文化を形成・継承・前進させるために　221

あとがき——「エピローグ」に換えて「書き上げて考えること」　227

プロローグ　90年を隔てた2つの出来事
──大川小被災と小野さつき訓導殉職

1　大川小学校被災跡地に立って

　3・11、東日本大震災のあの日から約1年半後の2012年8月、宮城県の研究仲間に案内してもらい[(1)]、宮城県・石巻市立大川小学校の被災跡地を訪問した。北上川の土手から数m下った所にそれはあった。半円形の2階建てで屋上がない校舎（1985年統合した大川小学校が誕生した時に建設）は、津波で破壊されてコンクリートの残骸となっていたが、破壊される前には「シャレた建物だっただろう」という面影をわずかに残していた[(2)]。体育館は土台を残して破壊されていた。被災直後はガレキやヘドロに埋まっていたそうだが、それは既に片付けられ、学校のあった釜谷地区はほとんど更地化し、津波が襲った校舎跡は、警察の現場検証を示す黄・黒のテープで「立ち入り禁止」とあり、その内側にひまわりが咲いていた。

　地震のあと、児童も教職員もこのグラウンドに約50分間いたという。海から4キロあったこの釜谷地区は、宮城県の津波浸水域予測図では範囲外になっており、じっさい大川小学校自身が「避難所」に指定されていた。地域の人たちも高齢者を含めて学校に来ていたらしい。「大津波警報」が伝わって、グラウンドに留まるか、どこかに避難するか、校長が有給休暇で不在で、連絡もつかないなか、教頭をはじめとする教職員たちが、判断に迷う状況で時間を過ごし、いよいよ「大津波来る」の報に、結局新北上大橋たもとの通

雄勝、河北、北上地区の津波による浸水深の状況

＝浸水深２メートル以上
＝浸水深１〜２メートル
＝浸水深１メートル未満

旧北上町

新北上大橋

追波湾

大川小学校

追波湾口・約６キロ

旧河北町

旧雄勝町

石巻市

　称「三角地帯」（海抜７ｍ）に向けて避難を始めたときは既に遅く、北上川の土手を越えた８〜10ｍの津波に前から襲われ、横からは海岸から直接陸地を越えて来た津波にもぶつかり、この釜谷の地で津波が渦を巻くような状態になったといわれている。児童74人と教職員10人の死亡・行方不明、避難所としての大川小に集まっていたこの地区の住民多数の命も奪われた。

　東日本大震災・大津波では、学校に残っていた子どもたちの命は、紙一重の例も含めて結果的にはほとんど助かっており、岩手県でも、宮城県でも、むしろ地震後に迎えにきた保護者に渡した子どもや、当日卒業式やその予行練習で既に帰宅した児童・生徒たちのほうに死亡・行方不明が多いという傾向があって、「学校は基本的に子どもたちの命を守った[3]」といわれている。その中では、大川小学校は例外的に、親が引き取った子どもは助かり、学校に残ったほうが、避難の列の後ろの３人と教師１人、他に児童１人が助かった以外はすべて、84人の命が奪われた点で、極めて悲惨なケースである。

同行した人の案内で、壊れた体育館脇から「ここに逃げていたら助かっていたはず」といわれる裏山に登る道に上がった。確かに地震後の約50分間をグラウンドにいて直前に土手側「三角地帯」方向に逃げるよりも、結果から考えるとこの山に登っていれば、命が助かった可能性が高いと思われた。しかし、震災後に多くの人が既に登ったであろう筆者らの訪問時も、山道は狭く踏み跡はすぐに消え、その先には何もない単なる山林である。当時は道があっても「けもの道」だろうし、山の上も山林以外は何もない。雪もちらつく寒さの中で地域の人を含めて100人を超える人たちが、下草が濡れてすべるその急斜面の方向に逃げることを直ちには決断できなかった気持ちも理解できた。

　それでも、この裏山に登ることが多くの命が助かる道だったと思われる。たとえ、怪我をする人があり、寒さの中に濡れて1日・2日と孤立しても、きっと発見されて多くの命は助かった可能性が大きいだろう。結果的に、8～10mの津波に2方向から襲われることがわかっておらず、「ここまでは津波が来ない、避難所にも指定されている」という〈安心を求める〉「正常化願望」の呪縛にとらわれていたのかも知れない。あるいは、少なくとも地域に記憶の残る限り「津波がここまで来たことはない」という学校に集まっていた住民のなかの故老の言葉の持つ経験論的想定にとらわれたのだろうか？

　地図で見るように、追波湾は今回の震源に対して、近くかつ6キロにわたる湾口を開いている。それに今回の大地震で、海底が最大20m余、この海岸線で5mくらい東に動き、その分、陸地が1m近く沈下したので、湾口から北上川（旧追波川）の河口へ、その奥へと、明治と昭和の2度の三陸大津波にはなかった（1000年以上遡ってもないのかどうかはわからないが）巨大な水量とエネルギーの大津波がまともに襲ったと考えられるのである。

　結果を知っている私自身がその場の責任者だった場合を考えても、どうするか迷う状況である。その意味では（戦災を除けば）日本の教育史上最大のこの学校被災は、いくつもの条件の重なりがすべて不運の側に働いたケース

だと思えた。

　まず、結果から見ると統合学校校舎を、もっと高台に建てるか、海岸から数キロの平地であれば、校舎を万一大津波が襲った場合に耐え得る３階建てや４階建てにすべきだったということになる(6)（じっさい２キロ上流にある大川中学校は４階建てだったし、筆者らが訪問した北上川対岸の橋浦小学校〔現在は北上小学校に統廃合〕は、川土手からは広い田畑をはさんでやや高台に建っていた）。また、地震への備えだけでなく、津波を考えた第二次避難（地震・津波に対する直後避難は「子どもたちを机の下などに」、第一次避難は「校舎から校庭へ」、第二次避難は、校庭が津波で危険な場合にさらに高い所へ向けて避難すること）の場所を考えまた指定して、またその訓練もしておくべきだったということになる。こうした点では、校舎建設の当事者であり、学校での防災避難訓練を指導する立場にもある石巻市当局ないし同市教育委員会の行政責任が問われなければならない。しかし、それは結果論で、津波がこの地に及ぶことを想定していなかった私たち社会と日本の地震・津波学の敗北ということになるだろう。

　またグラウンドからは校舎が視界を遮り、津波に気づくのが遅れた点も不運だった。そしていよいよという津波襲来直前の判断として、裏山への避難を選択したほうが結果的にはあきらかによかったと思える。それらがすべてマイナスの側に働いて、この巨大な学校被災になってしまったといえるだろう。

しかし、そういう「想定以上」の津波が襲った学校も、被災3県を中心に
数多い。そして瞬時の判断で高台や山に急遽避難した学校があり、間一髪の
偶然ともいえる声かけによる避難路変更で助かった学校もあった。それだけ
に「もし山に逃げていれば……」「なぜ大川小学校だけが、大部分の子ども
たちの命が奪われたのか」という、子どもを失った親の悲嘆と諦め切れない
気持ちがひしひしと伝わる。こうした遺族の思いの深さと切実さとはこの訪
問後に刊行された池上正樹・加藤順子『あのとき、大川小学校で何が起きた
のか』（青志社、2012年）を読んであらためて実感したことでもあった。
　壊れた校舎前に線香と花が供えられた「大川小学校被災学童鎮魂碑」が、
母子像と並んであり（写真参照）、その前で膝を折って手を合わせた。「碑」
は「被災学童」のためのものだった。裏山側に「手合わせ桜」の植樹があっ
て、この地で被災した地域の人々を含むすべての人の鎮魂に手を合わせた。
　やはり訪問後に発行された本・宮城県教職員組合編『東日本大震災　教職
員が語る子ども・いのち・未来：あの日、学校はどう判断し、行動したか』
（明石書店、2012年）の中に「夫の思いを胸に」という死亡した大川小学校
3年生担任・佐々木教諭の妻（彼女も教師）の寄稿があり、「かわいい教え子
たちの命を救うことができなかったことが、どんなに悔しく辛かったか」と、
亡き夫を想う一文があった。教師魂というものは、そうであったに違いない
と思った。
　しかし、殉職した10人の教職員を悼む碑はなかった。学校被災跡地に立
つと、かれらはむしろ非難されているという印象が残る。大川小学校の教師
たちには、子どもたちの命を守る「安全配慮義務」があり、この重大な義務
が、大地震から大津波直撃までの1時間弱の決定的に大事な時間帯に、なぜ
効果的に果たせなかったのかの責任が問われている。それを「日本の教師」
の問題として、どう受け止めればいいのだろうか？　この義務と責任の問題
にどう向きあうのかを、日本の教育界（教育行政、学校、教職員など）が正面
から受け止めて、大川小学校での悲劇の事実に即して誠実に探求することが
課題となっている。

プロローグ　13

2　小野さつき訓導殉職事件と重ねて考える

　ここで、突然時代を90年ほど遡る。同じ宮城県で1922年7月7日に起きた「小野さつき訓導事件」でも、2人の子どもを助けた小野先生はもう1人の子どもと共に還らなかった。
　「その日、刈田郡宮小学校（現在蔵王町）四年の子どもたち五十六人は、担任の小野訓導につれられて、日盛りの白石川のほとりで写生を行った。
　元気盛りの子どもたちは、厳しいながら愛情に満ちた若い快活な先生の下に、眼を輝かせ、喜びにあふれて観察し、構想を練り、思い思いの写生に専念していた。ひとりひとりに助言と励ましの言葉をかけながら熱心に指導していた先生は、異様な気配にふりかえって見ると、子どもが三人、足をすべらせて急流におち、もがき流されていた。咄嗟のことに、先生は袴を脱ぐ暇もなく、そのまま跳びこみ、先ず間近の一人を救いあげ、更

に一人を抱えて泳ぎついた時は力尽き、既に疲れ果てていたが、もう一人が流されて行く。よろめく足を踏みしめ、引きとめる子どもたちの手を振り切って跳び込み、ようやく泳ぎ着いたが、遂に師弟もろとも激流にのみこまれてしまった。」
　この短い記述は、小野さつき訓導遺徳顕彰館発行の「あゝ小野訓導」という4ページのパンフレットにあるこの事件の顛末である。パンフレットは記述の後半で、

「年僅かに二十一歳のうら若い女性が突如襲った教え子の危難に際し、全知全能を振ってその災厄から救い、遂に自らの身を殉じたことは、全く先生の職責を重んじ教え子の為に身を捨てる壮烈な精神と崇高な人格より発したもので、世の人は人の鑑(かがみ)としてことごとくその行いを讃え、その死を悼んだ。

 文部大臣は特にこれを表彰し、宮村では村葬を行ってその霊を慰めた。

 また各地から集まった浄財をもとにして、宮小学校校門前に殉職記念碑を、現地には殉職地標石を建て、永く功績を顕彰し後世に伝えるようにした。

 毎年七月七日には各関係者相集まって、小野訓導追悼の会を催し、その業績を讃え、その師魂を継承し今日に至っている。」
と書いている。

 小野先生(写真)は、白石実科高等女学校から宮城県女子師範学校に進み、1922年に卒業し宮小学校に赴任した新採教師だった。7月7日はまだ教師3か月である。彼女は師範学校時代に水泳が得意で、教師の助手を務めるほどだったが、袴も脱がないままの救助だったために、3度目に跳び込んだ際には着物が腕に巻きついて、前々日まで続いた梅雨の豪雨によって増水していた白石川の流れに呑まれたともいわれている。また、子どもたちに好かれ、親にも信頼が厚かったようで、村葬の会葬者2000人、沿道を埋めた葬列者は1万人を超えたとされている。(8)

 先に述べた大川小跡地訪問の5か月後に、筆者はいま宮城県・蔵王町立になっている宮小学校を訪問した。写真に見るような「小野さつき訓導遺徳顕彰館(1987年に蔵王町の条例をもって建設)」が宮小学校に併設されていた。中には事件の経過、小野先生の出身・経歴・人柄・家族、遺品、事件後の様々の顕彰事例(複数の歌、いくつもの出版、新聞・雑誌記事、公的顕彰文書)

などが陳列されており、教頭先生から丁寧な説明をしてもらった。

　また前出の「殉職記念碑」は、校門が移ったために、いまは校門前でなく校地の角に建っていた。小野先生と亡くなった子どもの墓が並ぶ「三谷寺」と、いまは白石川の白鳥飛来地に沿って蔵王山を背に建つ「小野訓導殉職地」の記念碑との場所を教えてもらい、それぞれに手を合わせた。

　亡くなった子どもの父親は「息子のことをさておき、……（小野先生の）遺体の前に額ずき、『わが子のために先生まで死なせてしまって申し訳ありません！』と号泣しました」とされている[9]。

　この教師殉職事件は、日本教育史上でも最も有名なもので、いくつもの出版があり[10]、唐沢富太郎『教師の歴史』（創文社、1955年）では、大正期の「殉職教師顕彰ブーム」に関する箇所で1ページ余を割いた記述がある。中内敏夫「『愛の鞭』の心性史」（同他『社会規範』藤原書店、1995年）でも「教師像の神聖化」の事例として2ページ近くにわたる論述がある。

　小野さつき先生の「子どもの危難」への対処は、自分の命も顧みないもので「日本における献身的教師像」の典型として、蔵王町だけでなく（本書第7章で再論するように）50年以上にわたって日本の教師たちの教職倫理を支え、その底に流れる「子ども思い」の教師魂につながったと考える。だから、その地・蔵王町でいまも毎年命日の7月7日に「追悼の会」が子どもたちの参加を含んで行われ、「宮小学校・学校要覧」（2012年度版）でも「特色ある教育」の冒頭に「ああ　小野さつき先生」と題する20行の記述と2葉の写真があるのはうなずけることである。

　ただ、この殉職事件と、その90年後の大川小学校の被災とを重ねて見た際には、状況も子どもの人数もまったく異なるけれども、子どもも教師も亡くなったという一点だけは共通の2事例である。片方は殉職記念碑や顕彰館、そして歌や書物で聖人のように崇められ、いまもその遺徳が称えられている。他方は、地震後の約50分間を無為にグラウンドにいて、救える子どもたちの命を守れなかった責任を問われている。

　筆者は、小野さつき先生のとっさの行動が、わが命も顧みない「子ども思

い」の教師魂を教師層の財産とし、長年の間日本の教師たちの教職倫理を支えた基盤の一つと考えるので、その「遺徳」には異論がない。ただ、大川小のケースと対比して思うのは、もし宮小学校事件が現代に起きていたならば、若い小野先生はその美挙が顕彰される以前に、「梅雨明け直後の増水した河原に、小学４年生多数を野外写生に連れて行き、結果として子どもの一人を死なせてしまった」その責任を先に追及されるのではないかと心配する。

　そこに、日本の1920年代から2010年代への90年間における「親のわが子の命への感覚の変化」（本書第８章で再論）と「親の学校・教師への感覚」の変化、その点での時代の違いをあらためて強く思わされる。そこには、現代の教師たちが「子どもたちの命を守る」という点で、かつてよりもはるかに重い義務と責任を負っており、それに応えられるだけの日常からの準備と緊急時のとっさの的確な判断とが求められていることを意味するだろう。90年間の時代変化をこのように受け止めることで、現代日本の教師たちが、親や国民に信頼される教師となる途の一つが開かれると思う。[11]

注

(1)　この被災地訪問は、日本教育学会・特別課題研究「大震災と教育」（2011-2012年学会年度、代表：藤田英典）と、それを引き継ぐ形で申請・承認された科学研究費・基盤研究〔A〕「東日本大震災と教育に関する総合的研究」（2012〜2014年度、課題番号：24243073、研究代表者：藤田英典）という、２つの研究プロジェクトの一環として行われた（筆者は両プロジェクトで事務局を担当した）。

(2)　じっさい、被災前の航空写真を、三陸河北新報社発行『ふるさと石巻の記憶、大津波・東日本大震災：空撮　3.11　その前・その後』（2011年）で見ると、実にのどかな山と川、田園・宅地に囲まれた、瀟洒な感じの２階建て校舎に見える。

(3)　こうした傾向は、数見隆生『子どもの命は守られたのか：東日本大震災と学校防災の教訓』（かもがわ出版、2011年）に詳しい。

(4) 統合大川小学校の校舎建設の設計者は、この山林に「遊歩道」をつくり、山の頂上付近に「東屋_{あずまや}」もつくる計画だったそうだが、予算の関係でそれは実現しなかったと聞いた。

(5) 日本近代の明治・昭和という二つの三陸大津波については、吉村昭『三陸海岸大津波』（文春文庫、2004年）に詳しい被災状況が記録されている。そして確かにそこには、この釜谷地区の被害にふれる箇所はない。筆者の素人考えでは、前の2度の津波も人的被害は大きいが、震源が三陸海岸のやや北側にあって、追波湾奥の河口に正面から直撃という関係になかったのではないか。それが、ハザードマップを海岸から3キロにとどめさせたと思われる。東日本大震災では、震源が追波湾からは、東からやや東南東方向にあって、津波が追波湾口から北上川・河口へと直撃し、地図で見るように釜谷地区の「河口から4キロ」どころか、北上川を遡上した津波は15キロにまで浸水域が及んでいる。

(6) 津波防災の観点から、校舎建築についてどうあるべきかに関しては、前注(3)の数見著を参照。

(7) この事件記述は、他の多数の記録とも一致するのでおよそ事実であると考えられる。ただし、その表現には既に「顕彰する」という立場が表れている。なお「訓導」という今では使われない職名は、今日の「教諭」の戦前の呼称である。

(8) 白鳥伸二著・遠藤正博編著『花咲く墓標_{ぼひょう}　小野_{おの}さつき先生の詩_{うた}』（「ふるさと人物伝シリーズ」悠々舎、2006年）での記述を参照。

(9) 同上書、p.56。この点も、他のいくつもの記録と重なっているので、発した言葉はこの通りでなかったとしても、おおよその事実ではないかと考える。ただし、この父親の「号泣」が持つ、言葉にはなっていないもう一つの思いについては、「親のわが子の命に対する心性」の時代的変化をテーマとして、本書第8章「1」で再考する。

(10) そのなかで、筆者がたまたま古本リストで購入した石川雅庸著『職域の華：小野さつき女史』（帝國出版協会、1944年）が遺徳顕彰館にはなかったので、遺徳顕彰館あてに寄贈した。

(11) 子どもたち多数をこの学校被災で失った保護者たちの、石巻市教育委員会、

大川小学校の教師たちへの疑念・不信は収まることはなかった。その疑念、不信は、たとえば一人だけ助かった教師が、市教委の聴き取りに対して、一度Faxを送った後は、精神科医師のドクターストップによって一切の発言をしていないことや、市教委が助かった教師、児童の聴き取り資料をなぜか廃棄したと報じられていることが事実だとすれば、当然だろう。

　文部科学省も関与して「大川小学校事故検証委員会」が10人の専門家を中心とする委員構成で2013年2月に組織され、9回の検証委員会会合を重ねて、2014年2月に「大川小学校事故検証報告書」が提出された。しかし、保護者たちはこの「検証委員会」「検証報告書」にも納得せず、「不信」を強めて、前出のジャーナリストによる「検証委員会」とその報告書とを批判する新しい共著本として池上・加藤『石巻市立大川小学校「事故検証委員会」を検証する』（ポプラ社、2014年）が刊行されている。

　なお、大川小学校事故問題については、数見隆生がその教訓をまとめた上で、さらに近々津波襲来の可能性が課題となっている「東南海地区沿岸部」の7県（神奈川・静岡・愛知・三重・和歌山・徳島・高知）の海岸から4キロ以内にある沿岸部小・中学校、1436校に質問紙を送り815校から回答（回収率56.8%）を得て、学校防災の現状と、とり組みの視点・提言を記した数見隆生編著『子どもの命と向き合う学校防災：東日本大震災の教訓から日本の沿岸部学校への提言』（かもがわ出版、2015年）を刊行している。

〔追記〕

　また本書の原稿執筆中、亡くなった児童23人の遺族は2014年3月に、石巻市と宮城県を相手取って「国家賠償等請求」訴訟を起こした。その訴状p.2「訴求の原因」の冒頭には、

○児童は津波により死に至ったのではない。

○学校にいたから死ななければならなかった。

○もし、先生がいなかったら、児童は死ぬことはなかった。

○本件は、明かな人災である。

という4行がある。ここには学校、教師に対する、かけがえのないわが子

プロローグ　19

の命を奪われた遺族たちの不信と憤りとが端的に表明されている。

　そして、本書原稿脱稿後の2016年10月26日に仙台地裁は、原告側の訴えをおおよそ認めて、総額14億円余を石巻市と宮城県に賠償として支払うことを命じる判決を下した。

　しかし、石巻市側は2日後の10月28日に仙台地裁判決を「不服」として控訴する方針を決め、それを市議会でも決議した。この「市側の控訴」方針に、そのタイミングが2日後だったことから、遺族たちは「即日控訴と変わらない」と、石巻市側への不信をいっそう深めた。宮城県側も控訴方針を決め、11月7日に市と県両者が「仙台地裁判決を不服として」控訴に及んだ。遺族側も「請求の一部を認めた仙台地裁判決を不服として」仙台高裁に控訴している。児童たちの死をめぐる係争がこれからも続くことになる。

　筆者の個人的な見解として、地裁判決が原告側の切実な訴えを認めた点は評価できるとして、その判決文（「要旨」は翌朝の新聞で読み、「本文」は数日後友人に送ってもらって一読した）で、「教員」たちが、広報車の大津波警報を聞いてから7分間における「注意義務違反」と、選んだ避難場所が不適切だった「結果回避義務違反」とで、この学校の教師たちを断罪する形になっている点には、教育に関わって研究作業をしている筆者らが、あらためて事実に既して究明すべき課題があると思った。

　先に本「プロローグ」の「1」（p.12）で述べたように、事前のことがら（できれば「高台に校舎建設」、低地であれば「鉄筋3・4階建て」、「第二次避難場所の選定とその避難訓練実施」の3点を挙げた）としての石巻市当局と同市教育委員会の行政責任は重いものであるし、注(11)でも述べた「遺族の疑念、不信」をいっそう深めるような不誠実な対応に関する責任も大きい。

　しかし、そのことは学校で「子どもの命を守る」という重い責任を教師たち一人ひとりと教職員集団が負っていることが軽くなることにはならない。その点は、本書全3部を通して「日本の教師の困難を希望へ」の途を探求している筆者自身も、本書の著者である教師研究をする者の責任として、日本の教師層とともに負っていかなければならない重い課題だと考えている。

第Ⅰ部　　日本の教師たちの今日的な受難

第1章　ある新採教師の被災事件が教えること

1　木村百合子さん被災事件と公務災害訴訟の経過

　2004年9月29日の早朝、木村百合子さんは自宅から1キロほどの駐車場に停めた自分の車の中で、灯油を浴びて焼身自殺をした。同年4月に静岡県の教師として採用されて、磐田市立東部小学校に着任してからわずか半年後のこと、24歳の若さだった。

　子どもの頃から明るい性格で、静岡大学の学生時代には、ベトナムの「ストリートチルドレンを支援する会」の活動にも参加していた百合子さんは、本採用になったこの年の年度初め・4月1日には、「これから始まる一年間がとても楽しみでわくわくしている」と研修記録に書いている。[1] 希望に満ちた教職への出発だった。

　しかし、担任した4年生のクラスでは、4月から早くも教室内を走り回る子がいるなど、クラスの雰囲気は騒がしく、とりわけ「指導の難しい子ども」N君の度重なる暴言や教室飛び出しへの対処に苦しみ、その間に他の子どもたちの落ち着きのなさがひどくなるなど、学級づくりにつまずくことになる。その困難を何とかしようと彼女は努力を重ねるが、事態は好転しない。それに関して学校管理層（とりわけ研修主任）から「お前の授業が悪いからNが荒れる」「アルバイトじゃないんだぞ、ちゃんと働け」などのひどい非難・叱責を受け、同僚教師たちからの助けもないまま孤立し、うつ病を発症

22　第Ⅰ部　日本の教師たちの今日的な受難

したとされている。夏休みを越えた2学期も事態は好転せず、クラスで起こった児童間のトラブルに、教頭から「お前は問題ばかり起こしやがって」と厳しく叱責され、子どもの親からの不信の手紙が届くなどでいっそう孤立を深めて、ついに9月末に自殺にまで追い詰められている。

遺族は「二度と同じようなことが起こらないように」「何があったのかを明らかにしたい」と、「公務災害」を申請した。それを受けた地方公務員災害補償基金（以下必要な場合以外は「地公災」と略記）・静岡支部では「公務外」処分とされ、その後審査請求・再審査請求も却下された。遺族は裁判に訴え、静岡地裁で、口頭弁論から証人尋問と3年間・17回の審理が行われ、2012年12月15日には、逆転で「公務上災害」を認定する地裁判決が出された。[2] 被告・地公災側は控訴したが、控訴審の東京高裁でも控訴棄却判決（2013年7月19日）が出され、地公災側の上告断念で木村百合子さんの「公務上災害」が確定した。

2　静岡地裁判決文が「教師・学校」の理解として示すもの[3]

この事件と裁判から教えられることを、静岡地裁判決文45ページ[4]を検討素材として、「法廷・裁判・判決が、学校教育の世界の何を理解し、何を断罪し、何を問いかけているのか」という立場で考えたい。もちろん判決の基になった証拠資料・証言記録が多数あるわけだが、この判決文はそれらを的確に読み取って、事件の経過とそれが含む問題点が、読む者にかなり明確に伝わるように書かれているという印象を持ったからである。

判決文は、短い［主文］と長い［事実及び理由］から成り立っている。後者はおよそ、

○「事案の概要等」：（争いのない）前提事実／争点に関する原告の主張・
　被告の主張

第1章　ある新採教師の被災事件が教えること　23

○「当裁判所の判断」：認定事実／争点各項目への裁判所の判断
　　○「結論」
という構成になっている。

　ここでは上で波線をつけた「争点に関する原告・被告の主張」と「裁判所の認定事実」と「争点各項目への裁判所の判断」に注目して、そこから読み取れるものを考察する。

(1)　木村さんが直面した学級の今日的難しさについて

　①学級のできごとの時系列的事実認定：判決文は「裁判所の認定事実」の一環として pp.22-27 の 6 ページを割いて「4 年 2 組におけるトラブル等の出来事の発生とこれに対する百合子の感情等」について「ア」の 4 月 6 日・入学式から、「ナ」の 9 月 29 日の自殺まで 21 項目にわたる出来事を「事実認定」している。とりわけ「イ」〜「ト」の 19 項目では、担当クラスが 4 月当初から、話を聞かない、騒がしい、児童間の暴力、いじめ、パニックを起こす子ども、教室飛び出し、などの問題行動が次々と起こり、それへの親からの苦情への対処も含めて、木村さんがそれらにどれだけ悩み、苦しみ、何とか改善しようと懸命に努力し、周りに支援も求めながら、容易には改善しないまま、事態が 5 月・6 月・7 月、そして夏休み明けと続いていることが、日付順に記述されている。この事実認定が、原告・被告間の争点になった事項に関する裁判所の判断の基礎になっていたと読める。

　②学級でのトラブルの深刻さと、N 君の指導困難さ：判決文はそれに続いて、原告・被告に争いのある点についてそれぞれの主張に対する「裁判所の判断」を展開している。表 1 ― 1 はこの裁判での「争点」に関するそれらを整理したものである。

　表の争点項目⑤「4 年 2 組の指導で直面した諸要因」について「被告＝地方公務員災害補償基金」側の主張は、うつ病発症以前（＝ 5 月半ばまで）の「4 年 2 組で生じたトラブルは、いずれも日常起こり得る出来事で、それほ

ど深刻なものではなかったのであり、これらは新規採用教員を含め、ほとんどの担任が経験するものであった」（p.17）と、その大変さに無頓着である。また「児童Nは、百合子が担任するまでは特に指導困難な児童ではなく、５年次以降も同様であった。……児童Nとの信頼関係を築くことができなかった百合子の態度にこそ原因がある」（pp.16-17）と自己責任を強調していた。これに対して判決文は「百合子の公務過重性」（pp.34-37）の箇所で「これらは、個々の問題ごとにみれば、教師としてクラス担任になれば多くの教師が経験するものであったとしても、百合子の場合は、着任してわずか１か月半程度の期間に、数々の問題が解決する間もなく立て続けに生じた点に特徴があるのであり、かかる状況は改善される兆しもなかったことからすれば、新規採用教員であった百合子にとり、上記公務は、緊張感、不安感、挫折感等を継続して強いられる、客観的にみて強度な心理的負荷を与えるものであったと理解するのが相当である」と木村さんが直面したクラスの大変さと、それに伴うストレスの強さとを判断している。

また木村さんを悩ませたN君について判決文は「かかる年代の児童においては、指導する者の年齢・性別・経験等によってその指導に対する反応が異なることは十分あり得ることであり」として、N君の起こすパニック、暴言、飛び出しなどの具体的事例を挙げて「百合子が同児童を担任していた当時において、学級担任を務める教師として通常担当するであろう手のかかる児童という範疇を超えた、専門的個別的な指導・対応を要する児童であったというべきである」と、被告側の主張する「木村さん自己責任」論をはっきりと否定して、その指導困難さを判断している。

　③人前での涙は「脆弱さ」か、「苦悩の深さ」か：争点項目⑦に見るように、被告側が４月の間に「涙を流す」・「定時帰宅を申し出る」などの事実を当人の「精神的に未熟な面」・「性格上の脆弱性」（p.19）とする主張に対して、判決文は「着任して１か月も経たないうちに次々と起こるクラス内での問題に直面し、他の教員の十分な支援も受けられないまま孤立感を強め、苦悩していたことからすれば、百合子がかかる行動に出たことも無理からぬと

第１章　ある新採教師の被災事件が教えること　25

表1―1　木村百合子さん被災事件・静岡地裁「判決文」に見る〈争

領域	争点項目	原告側の主張
「公務起因性」の判断基準	①公務要因と他の要因との関係をどう考えるか	「共働原因説」（他要因と公務要因との共働を、公務起因とする）に立って判断を（p.7）
	②誰を基準に「過重性」を判断するか	同種労働者の通常想定される範囲内で、その性格特性が最も脆弱である者を基準に（p.8）
本件で、木村さんが直面した公務と、その「過重性の有無」および「うつ病発症との関連」	③発症時期とそれに関わる期間	５月末〜６月初旬にはうつ病に（p.8）／発症後の心理的負荷状況もうつ病増悪の公務起因性の判断材料に（p.9）
	④勤務時間、校務分掌などの勤務状況	新採でクラス担任は既に大きな負担（p.9）／朝出と持ち帰りを含んで、毎月100時間近い過重な超過勤務（pp.9-10）
	⑤４年２組の指導で直面した諸要因	児童Ｎの行動と指導困難が大きな負担／他にも個別指導を要する児童が多数／４年２組は「学級がうまく機能しない」困難な状況が続いていた（pp.10-11）
	⑥新採教師への支援体制	支援は場当たり的・応急的・一過的／学校管理職たちに当人への偏見と批判傾向が／支援よりむしろパワーハラスメント（pp.11-12）
	⑦木村さんの個体的要因	個体的な脆弱性はまったくない／授業ができないなどは、クラスの困難と心理的負荷の大きさの反映（p.12）
⑧うつ病と自殺との関連		うつ病発症から増悪、そして自殺に／その因果関係の中断はない（p.13）

注　上の表で、網掛けが左右同じ濃度の網掛けで重なっている部分が、原告側か、被告側かの主張を、

ころがあるというべきである」（p.41）として、個体的脆弱性をはっきり否定し、むしろそこに木村さんの苦悩の深さを読み取っている。

　以上の判決文の３点は、いずれも「今日の学校教育が、とりわけ新採教師

点〉対照表：（　）内のページ数は判決文から、ただし表現は要約している

被告側の主張	静岡地方裁判所の判断
「企業危険説」（通常にない過重業務で発症が明らかな場合にのみ）で判断（pp.13-14）／公務が「誘因」は公務起因と認めない（p.14）	「共働原因説」は採らない／うつ病発症の公務起因性については「ストレス─脆弱性論」の立場で判断（pp.28-29）
（同種労働者の）「一般人基準」で（p.14）	同種労働者で日常業務を遂行できる状況にある者の中で「性格特性が最も脆弱である者」を基準に（p.29）
５月18日には確定的。ただしそれ以前の４月中には既に発症（p.14）／発症後の状況は公務起因性の考慮外（p.15）	５月18日前後に発症と判断、それ以前発症ではない（pp.31-32）／まず発症までを判断（p.32）／発症後も増悪に関連（pp.42-43）
通常の新採より軽減された状況（pp.16-17）／超過勤務は４月21時間。５月22時間と多くない（p.16）	新採として特に過重ではない（p.33）／超過勤務は月に21-22時間で過重ではない。形式だけで過重性有無は判断しない（pp.33-34）
児童Nは問題児ではない、木村さんの態度が問題／学級は十分対応可能な子どもたち／起こったトラブルは日常起こり得るもので深刻ではなかった（pp.16-17）	着任１ヵ月半の間にクラスにトラブルが連続し強度の心理的負荷が（p.35）／児童Nは手のかかる児童の範疇を超えて／木村さんは苦悩の中で努力・責任感、それを本人の指導力のせいにするのは酷（p.36）
初任研を初め、丁寧な指導体制／随時の十分な支援／通常以上の特別の支援があった（pp.17-18）	一時的・応急的で、支援でなく批判に／クラスの事態深刻さに認識を欠いた、それに見合わない形だけ、支援になってない（pp.37-40）
４月当初より、ことあるごとに精神的未熟さを示す／個体の性格的脆弱性がうつ病の主要因（p.19）	脆弱性等の個体要因は到底認められない／表出した行動は無理からぬこと（pp.40-41）
因果関係は中断／うつ病でなく自己の「故意」による自殺（pp.19-20）	因果性の中断はない／うつ病が惹き起す自殺念慮と思い止まる力の衰弱から（pp.43-44）

裁判所が判断として受け入れたことを示す

が、当面する困難についての裁判所側の深い理解」を特徴的に示していると考える。

　また争点項目④に見るように、勤務状況・勤務時間については、原告側の

「過重」との主張をむしろ否定して、被告側の主張を受け入れている（それは「持ち帰り仕事」の多さに配慮を欠いたこの判決の問題点である）のだが、にもかかわらず、先述のクラスで起こっていることがらの深刻さ・大変さのレベル（争点項目⑤）から、判決は「うつ病発症につながる過剰な公務負担」という決定的な判断を導いている。

(2) 困難に直面する教師に対する支援は、いかに支援たり得るか

①新採教師の直面した困難に対する「支援体制」の決定的な不十分さ：争点項目⑥で、判決文は「百合子に対する支援体制について」（pp.37-40）の箇所の冒頭において、「百合子の公務は、新規採用教員の指導能力ないし対応能力を著しく逸脱した深刻な過重性を有するものであり、こうした状況下にあっては、当該教員に対して組織的な支援体制を築き、他の教員とも情報を共有した上、継続的な指導・支援を行うことが必要であるところ、本件全証拠をもってしても、百合子に対してかかる支援が行われたとは認められない」との結論的判断を示し、以下４ページにわたって、それを具体的に指摘している。

②「事態の深刻さ」に対する支援体制側の認識欠如：被告側はこの支援について、拠点校指導教員・校内指導教員がいたこと、他の教員が空き時間に指導補助に入るなど、十分過ぎる支援体制が取られていたと主張する（pp.17-18）。これに対して判決は、校長の認識が「いたずら小僧に手を焼いていた」程度だったこと、指導教員は「初任者研修資料に記載された百合子の悩み」に対して「問題の深刻さが認識されなかったため」実質的なアドバイスがなされていない、個人的アドバイスを行った教師も当初問題を把握していなかった、などの事実を挙げて、「（学級の深刻な困難の）情報が、周囲の他の教員らと共有されていたとは認められない」と支援体制側の認識の浅さと不十分さを指摘する。

③なされた支援の一時的応急性と個人責任追及性：判決はさらに、その

時々になされた「支援」の内容が、学級内トラブルにガードマン的に割って入るなど「所詮一時的・応急的なものにすぎず」、また学校管理層側でこのクラスの問題を議論した4月・5月の会議録記載が「百合子に対して批判的な内容となっており、支援という方向での検討が一切見受けられないことも極めて大きな問題というべきである」との判断を示して、その支援の決定的な不十分さと、実際には担任追及に流れる問題点を指摘している。

　④「画一的支援」か、「事態の深刻さに即した支援」か：被告側は「通常の新規採用教員に対する以上の特別の支援がなされていたというべきである」(p.18)と主張する。しかし判決は、そういう主張を「新規採用教員に対して行われる画一的な指導や一定の対応がなされていさえすれば支援体制としては十分であり、それ以上に個々のケースにおける公務の過重性やそれを克服する困難の程度に目を向ける必要はないと言っているに等しく、公務による心理的負荷を不当に低く見積もるもので妥当でない」と排除して、個別ケースの深刻さに即した支援のあり方を学校・教育界に対して求める指摘・判断になっている。

　以上の4点の「困難に陥った新採教師に対する支援」に関する判決の特徴は、「何が支援になるか」、「支援になるためには、どういう要件がなければならないのか」について、木村さん被災事件に即した、貴重な教訓を提起したものであると考える。

3　木村裁判・判決が、日本の教育と教師のあり方に持つ意味と課題

(1)　「教師の公務上災害」を認定する判決・裁決を受け継いで

　判決文がこの姿を取るには、事件そのものの深刻さ、それを訴えた被災者両親の意志、7年に及ぶ支援のとり組みと広がり、原告代理人としての弁護

士諸氏の奮闘などなどのたくさんのことがらと努力の重なりがあっただろう。同時に、ここ数年の「教師の公務上災害」認定判決や裁定の流れのなかで、それを継承しまた発展させる面もあると思う。それはたとえば、以下の４件の「教師の公務上災害」認定の判決・裁定である。

(a) 尾崎善子さん被災事件、東京高裁判決（2008年4月24日）

2000年に静岡県小笠郡の公立小学校で、尾崎さん（教職歴20年の女性教師）が、担任する養護学級に体験入学した子どもとの関係で次々と起こる異常な困難を経験し、その精神的重圧から、うつ病・自殺に至った事件。地公災と静岡地裁は「公務外」としたが、東京高裁の逆転「公務上災害」認定は、最高裁で確定した（2009年10月27日判決）。

(b) 新宿区立小Ａさん被災事件、地公災東京都支部審査会裁決（2010年2月10日）

2006年に大学新卒女性教師Ａさんが、担任クラスでの子どもとの関係や保護者からの人格攻撃的なクレームに苦しめられ、それに十分な支援もないまま、着任わずか2か月でうつ病・自殺に至った事件。地公災の「公務外」処分への「不服」申し立てで開かれた支部審査会での逆転裁決で、「公務上災害」が確定した。

(c) 堺市立中・田村友子さん被災事件、大阪地裁判決（2010年3月29日）

1998年に中学校社会科女性教師・田村さん（50代初め）が、中学校の荒れと生徒からの度重なる暴力に苦しみながら、それを何とか解決しようと懸命に努力するが、職場での支援もなく孤立し、うつ病を発症して自殺に至った事件。地公災の「公務外」処分はこの地裁判決で逆転、地公災側が控訴を断念して「公務上災害」認定が確定した。

(d) 鳥居健仁さん・過労被災事件、名古屋地裁判決（2011年6月29日）

2002年に愛知県豊橋市立中学校で、40代初めの男性教師・鳥居さんが校務分掌と部活指導での重責などで、6か月間毎月100時間を超える時間外労働を負い、その過重労働で脳出血発症に至った事件。地公災の「公務外」処

分はこの地裁判決で逆転、地公災側の控訴も名古屋高裁で棄却（2012年10月26日判決）、地公災側の上告は最高裁で棄却され、「公務上災害」が確定した（2015年）。その後鳥居さんは「退職強要」が取り消され、職場復帰した。

　個別事件とその判決・裁定には特有性がある。同時にその間に関連もあると考え、以下ではその関連を含めて、木村裁判判決を教育の世界はどう受け止めるべきかを考えたい。

⑵　「困難に陥った教師」をどう見るのか
──「個体の脆弱性への帰責」を越えて

　数年前まで「教師のうつ病・自殺が公務上災害と認められた例はない」といわれていた。それは地公災の「同じ状況でもうつ病を発症しない人がいるのだから、その被災は個体の脆弱性に起因する」という論理がまかり通っていたからである。この状況を根本的に転換したのが、(a)の尾崎さん事件・東京高裁の逆転公務災害認定判決であった。この画期的な東京高裁判決は「うつ病」を個人的心因性だけでなく、環境ストレスが誘因として大きい病気であること、尾崎さんの「几帳面、まじめ、職務熱心、責任感、誠実、柔軟性にやや欠ける」という性格傾向は、それがうつ病との若干の親和性があるとしても、仕事の面での実際に起こったような異常に強いストレスがなければ教師として十分に職務を果たしてきていた、だから、個体の脆弱性が原因とはいえず、公務に関連する強いストレスの方がうつ病発症に因果関係があるとして、「個体脆弱性」を退けたのである。

　同様のことは、(c)田村さん事件・大阪地裁判決にも見られる。地公災側は、荒れる中学校の中で、田村さん同様の状況にあった教師たちはうつ病を発症していないからと、田村さんの個体脆弱性に帰責する。判決は、他の教師も「肉体的にも精神的にも疲弊し、いつ精神障害を発症してもおかしくない状態であった」と、異常な困難の状態のほうに原因を帰している。(d)鳥居さん

の過労脳出血についても、「高血圧ともやもや病」という基礎疾患があったとしても、通常の勤務には問題なく、異常な過重労働の重なりがその疾患を増悪させて被災に至ったとし、過重労働のほうを主要な発症要因であると判断している。

　木村事件の判決はこのような判断を継承し、前出・表1—1・争点項目②にあるように、原告側の主張を認め「当該精神疾患を発症させる一定以上の危険性の有無については、同種労働者（職種、職場における地位や年齢、経験等が類似する者で、公務の軽減措置を受けることなく日常業務を遂行できる健康状態にある者）の中でその性格傾向が最も脆弱である者（ただし、同種労働者の性格傾向の多様さとして通常想定される範囲内の者）を基準とするのが相当である」(p.29) という判断基準原則を明示している。[5]

　教師個人が陥った困難や苦悩を「その個人に帰責する」見方は、地公災側だけでなく、学校現場にもあると思う。じっさい木村裁判では当該学校からの同僚教師証言の大部分がそのような見方に立っていた。特に「自分はそうなっていない」「自分は新採のときにそうならなかった」ことを「自信」とする教師の中には、「そうなったのは、その教師が悪いのだ」と（条件・時代の違いや、諸要因の重なり、また偶然性などを無視して）思い込み易い人がいる。そういう見方こそが、一連の判決、そして木村事件判決でより具体的・原則的に批判されているのである。

　たとえばある教師が、生徒たちとの関係で容易には解決しづらい困難に陥ったとすれば、それを、直ちにその教師の責任や問題点・弱さに帰責するのではなく、同じ状況に置かれれば、同様の困難・苦悩やそれに起因する発症に誰が陥ってもおかしくない、今日の学校と教師が直面していることがらの難しさの問題として見ていこうということになる。判決は「個人帰責に陥ることなく、教育の今日的な困難を直視すべし」という強いメッセージを日本の教育界に対して発していると考える。

(3) 「新採教師への支援体制」に関する理解の深まり

　新採教師が過重な困難と苦悩に陥った場合には、判決もいうように初任者である「同人に対し高度の指導能力を求めること自体酷というべき」(p.36)である。自分だけの経験と力量でその困難を乗り切っていくことが難しいなかで、苦悩を深めているということである。だとすれば、困難に陥った新採教師に対する「周りからの支援」というものが重要になる。

　新採教師への支援体制の不備・不足の問題は、(b)新宿区Aさん被災事件での支部審査会の逆転公務上災害認定の「裁決」においても強調されていた。単級だった同学校では、指導教員が自分のクラスづくりに手一杯など、まともな支援がなされなかったことと、校長・副校長を含めてAさんの陥った困難に見合う支援がなかったことが指摘されていた。

　2つの新採教師自殺事件の裁決・判決で共通している点は「支援は生じている事態の深刻さに見合うものでなければならない」という判断である。静岡地裁判決はさらに踏み込んで、「支援」が当人に対する批判に流れ易く、当人への批判・非難をベースにする指導・助言では少しも支援にならないという傾向を指摘した。これらは、困難に陥った教師への支援がどうでなければならないかについて、大事なメッセージを教育界向けに発したものと受け止めたい。

　なぜ困難に陥った教師が職場で批判され、孤立しやすいのか。「困難に陥った教師」というものは、二重の困難の中にあるといえる。一つは、教育実践上での子どもとの関係づくりの困難である。もう一つは、それを容易には解決できずに苦悩している教師存在としての困難である。教師の教えるという仕事は「自分は教師としてやれている」という最低限の自信がなければ難しい仕事である（この点は本書第10章で再論）。判決は、この点についての理解が深いと思う。たとえば本章「2(1)①」で述べたように「4年2組におけるトラブル等の出来事の発生とこれに対する百合子の感情等」の部分での

第1章　ある新採教師の被災事件が教えること　33

21項目は、「学級で起こっていることがらの困難」と、「そこで木村さんが陥っている苦悩の深さ」とを、つながり合い重なるものとして「事実認定」してそこから出発しており、その理解の深さが判決全体を貫いていると考える。

　学校職場と教師仲間関係に即していえば、こうした困難の二重性についての理解（＝状況の共有と共感）がないと、周りからのまなざしやアドバイス・指摘は、容易にその教師に対する「批判・非難」に転化し、その教師をいっそう追い詰め「孤立」させることになるのである。職場での「孤立」は２つの新採教師被災事件だけでなく、(c)の田村さん事件でも特徴になっていた。だから問題は、新採教師だけでなく、中堅・ベテランを含む日本の教師全体の課題である。

　その意味では、木村事件の静岡地裁判決は、日本の学校教育が現在陥っている困難についての深い理解を示しただけでなく、教師という仕事が持つ特性とそれに伴う困難、いったん困難に陥った教師に対して、何が本物の支援たり得るのかについて、この事件の悲しい事実展開に即して、鋭く問題提起したものであるといえるだろう。[6]

注

(1)　「研修記録」は、静岡県の初任者研修の一環として、毎日書いて提出していた記録である。木村さんが書いた記録は、裁判の「証拠」にもなっているが、その主な記述は、佐藤博「遺されたノートから：木村百合子さんの軌跡を追って」（久冨善之・佐藤博編『新採教師の死が遺したもの：法廷で問われた教育現場の過酷』、高文研、2012年、pp.46-107）を参照。

(2)　事件の経過も、公務災害認定訴訟の推移も、前注の久冨・佐藤編の書物にやや詳しく紹介されている。

(3)　本章「２」「３」は、前注(1)の書物所収の久冨稿「法廷・裁判・判決が教育について問うたもの」を、基本的に踏襲し、いくつかの点で加筆・修正

34　第Ⅰ部　日本の教師たちの今日的な受難

したものであることをお断りしておきたい。

(4) ここで使用した判決文は「正文コピー」で、以下のページ数はそれに基づいている。この判決正文コピーは、教育科学研究会（以下、必要な場合を除き「教科研」と略記）ホームページ（https://kyoukaken.jp/）の「教育情報」欄で見ることができる。

(5) これは、教師は精神的に脆弱で構わないというような意味ではなく、筆者の素人流の解釈で、たとえば尾崎さん事件の例でいえば次のようになる。

尾崎さんの「几帳面、まじめ、職務熱心、責任感、誠実、柔軟性にやや欠ける」の性格傾向に、うつ病への親和性が若干あるとしても、では逆に「ずぼらで、不真面目で、不熱心で、無責任で、不誠実」である性格は、柔軟でストレスに強いかも知れないが、教師にはそういう人がふさわしいのか？　むしろ「几帳面、まじめ、職務熱心、責任感、誠実」などは教師にとって十分ふさわしい性格であり、それで若干柔軟性に欠け、ストレス耐性が高いとはいえないとしても、異常なほど過度の負担さえなければ、十分教師として立派に職務を果たせるのである。だとすれば、過度の負担を生じさせた公務のほうに、病気発症との相当な因果関係を認めよう、という判断基準であると思う。

この静岡地裁判決文の「誰を基準に過重性を判断するか」についての一般原則は、基金側のこれまでの論理を根源的に否定する。基金側は控訴理由で、これでは被災本人を基準にする不明確なものになるとの年来の持論を提出したが、東京高裁判決はこの控訴理由を認めなかった。地裁判決文の（本文で波線を引いた）一般原則基準は、「その性格傾向が最も脆弱である者」のあとに「ただし、同種労働者の性格傾向の多様さとして通常想定される範囲の者」とあるので不明確ではない、むしろ同種労働者の平均的労働者には幅があり、その幅を外れない基準として明確だ（高裁判決p.13）と、静岡地裁判決をこの点でオーソライズする内容になっている。東京高裁判決文も、前注(3)の教科研のホームページに載っている。

(6) 前出・表1─1の争点項目の①「公務と他の要因との関係」、③「発症時期とそれに関わる時期」、⑧「うつ病と自殺との関連」の3点は、触れることができなかった。それらは、静岡地裁の第3回証人尋問（2011年6

月9日）で直接に議論された。そこでの争点と様子は、久冨善之「木村百合子さん被災事件の裁判傍聴記」（『教育』2011年8月号 pp.98-100「教育情報」欄掲載）を参照していただければ幸いである。

　それにしても、その後も教師被災事件に対する勝訴判決は、京都市立中の角さん（40代後半の男性教師）に対する地公災の「公務外」処分に対する訴訟で京都地裁は不当判決だったが、大阪高裁で逆転、上告断念で「公務上災害」確定など、相次いでいる（角さん被災事件は本書第3章「1」に詳しい。また、本書第2章の注(2)の西東京市のBさんのケースの判決も参照）。

第2章　教師1年目は特別に難しくなっている!?

1　1年目教師が直面する困難
──その共通点と分かれ道

　前章では、新採教師の自殺として、静岡県の木村さん事件と、東京都新宿区のＡさんの事例を、その公務上災害が認められた判決・裁決とともにとり上げた。ここでは、新宿区Ａさんと同じ 2006 年の秋に東京都西東京市でやはり採用1年目でうつ病から自殺したＢさんのケースを加えて、三つの新採教師自殺事件を残念な側の事例として考察対象としたい。その片方で、やはり1年目に「子どもとの関係づくりにつまずく」ことをはじめ困難を経験しながらもそれを乗り切って、何とか2年目以降へと進んでいる教師も多い。そのような新人教師が書いた「採用1年目に関する手記」のいくつかをとり上げ、残念なケースと比較して、何が共通し、何が違っていたのかという点から、教師1年目の困難の様相について考えていきたい。[1]

　そこでは教師1年目の特徴として、およそ以下の4点がある。

①まず「子どもとの関係づくり」でつまずく

②①の点で親からの苦情や不安の声に囲まれる

③管理職や先輩教師がサポートせず、むしろ①②の点を非難・攻撃する

④①②③のため、たとえば超勤が月 100 時間といった睡眠不足と高ストレスになる

(1) 子どもとの関係が難しい
——新採１年目の難しさ・苦しさ（その１）

　どんな職業でも、ある職場に新人として勤め始めることは「右も左もわからない」「戸惑うことばかり」である。まして教師が初年度から「小学校の学級担任」になるとすると、子どもたちの前に立って毎時間授業をやる点でも、何十人かの子どもをまとめる学級運営でも、他の教師と何ら変わらない仕事に４月からたちまちとり組むことになる。それは、12年間の学校生活を生徒として体験し、教育実習で数週間「教師のまねごと」を体験していても、そういうものとは比べ物にならない大変さである。事務的な書類の書き方一つにしても、初めての人にはほとんど暗中模索・試行錯誤である。

　中でも一番重要でかつ大変なのが、学級の子どもたちとの関係づくりだと思える。その点を、自殺に追い込まれた３ケースで見ると、木村さんはN君との関係づくりに非常に苦しみ、それで学級全体が落ち着かなくなっている。西東京市のBさんの場合は、クラス内のいじめや子どもの万引き事件などに悩まされている。新宿区のAさんの場合、特定の子どもが（筆者が入手した記録には）たまたま出てこないが、保護者４人が特別に参観に来て、その後「子どもがもめても注意しない」と校長に告げているという事実が記録されているので、クラスの子どもたちの落ち着かない状態が、そこにあったことは推測される[2]。

　ただこの点の困難は「手記」を寄せた新人教師の１年目でも非常によく似ている。たとえば、教師６年目の五十嵐百恵さんは１年目を振り返って次のように書いている[3]。

　　「（子どもの名前を呼んだあと）担任の自己紹介をしました。すると、私が話しているにもかかわらず、次々と好き勝手におしゃべりし始め……『話を聞きましょう』と注意しても、自分のこととは思っていないのか、目を合わせようともしません。」

「筆箱、教科書、ノートなどの学習用具を持ってこない、友だちとケンカばかり、注意すると口答えばかりの睦くん。廊下で鬼ごっこ、授業中おしゃべり、自由帳、注意するといじけて反抗する優斗くん。……『学校も先生も友だちもお母さんも大嫌い！』と泣く一馬くん、……」

　自分がそれまで「当たり前」と思っていた「教師・生徒関係」や「子どもの姿」が通用しない現実の子どもたちへの戸惑いがそこにある。その状況に慣れない新採教師はそこで何とかそれを解決しようと懸命に努力するが、クラスの状況は簡単には落ち着かない、次々と振り回される。それは他の担任のクラスともはっきり違いがわかる程度に。

　学校で「当たり前」と思う関係が通用していた時代は確かにあったと思われる。しかし、今日ではかつての「当たり前」は、すでに当たり前ではなく、むしろそこで教師・生徒関係を形成していくことになる。だとすれば、自分が生徒だった時代の学校体験では考えられないような「難しい子どもや学級の状況」に慣れない教師は、誰でも当初戸惑うだろう。その戸惑いのほうがいまや「当たり前」になりつつあるともいえよう。

(2)　親との関係づくりの性格変化
——新採1年目の難しさ・苦しさ（その2）

　新採教師にとって「子どもとの関係づくり」におけるつまずきに始まるそれ以降のことがらの展開も、非常によく似ている。

　クラスの落ち着かない状況を、わが子の姿や話、授業参観の機会に知ることになる親たちが「自分の子どもがこの若い先生がとても好きだから、学年初めだし、ちょっとくらいは大丈夫」と楽観的に思えればそれは幸いである。そう思えず、むしろ自分の子どものこの1年間が心配になる親の中には、気をもんで個人的な対策を講じる人もいるだろう。また、担任教師に連絡帳や手紙・電話・メールを通して直接に心配を伝える人も出てくる。その中には、若い教師に対する言い方が攻撃的になる人もいるのではないか。

第2章　教師1年目は特別に難しくなっている!?　39

それには、この間の「教育のことは専門家の学校・教師に任せる」という伝統的学校観や、「学校・学級は教師と親とがともにつくっていくもの」という民主的学校観でなく、「学校はサービス機関、教師はサービス労働者、親は消費者」という新自由主義的な学校観が親にも浸透し「学校・教師にどのような苦情の言い方をしようと、言う自分の側は安全だ」という思い込みがある程度広がったという面もあると思う。また、自分の学校生活時代から続く長年の学校・教師への不信・不満から、何か心配や要望を伝えるのに「苦情、イチャモン」的に発してしまうという場合もあるだろう。あるいは、親の側の子育て・生活での不安・ストレスのレベルが高いために、言い方につい性急さや攻撃性が伴ってしまうこともあると思う。

　子どもの教師への反抗や落ち着きのなさは、それを受け止めるのが教師の仕事の本命であるし、そこに子どもたちとの交流もある。子どもとの関係に比べると、父母からの厳しいクレームは、若い教師には性格の異なるとてもきついものになっている。その攻撃性がエスカレートしたり、不安の声が親の間に広まったりすれば、いっそうきつい。教師は自分の中に「教師としての誇り（＝教職アイデンティティ）」が保持できなければなかなか難しい仕事である（この点は本書第9章で再論）。「アイデンティティ」は、自己評価だけではなく、そこに他者の何らかの肯定的評価があって確保されるものである。そこで、子どもではなく大人から「あなたの力量が足りないからではないか」と指弾されるきつさは、それに「根拠がない」との確信が持てない状況のなかでは、「教師としての誇り」を突き崩されるほどのきつさだろう。

　このような、親との関係での難しさが、多くの新採教師を悩ましており、不幸な例では「すべては私の無能さ」という自己否定感や無能・無力感にまで追い込まれている。

(3) 管理職・同僚関係が追いつめる
──新採１年目の難しさ・苦しさ（その３）

　以上の２点は、新人教師手記でも共通している。それでは分かれ道はどこにあるのだろうか。

　一つは間違いなく、校長・学校管理層のことがらへの対処のあり方の違いである。自殺にまで追い込まれているケースでは、いずれも校長や副校長・教頭など学校管理層が、１年目教師の苦しい立場を受け止め苦労・努力を認めて支えるどころか、その反対に責める側に回っている。西東京市のＢさんの場合、子どもの万引き問題での親とのトラブルで「あなたの親への伝え方が悪い、あなたの責任だ、謝りなさい」と、理不尽にも親へと、教職員全体の前とで謝ることを強要している。木村さんの場合も（第１章で見たように）非難・叱責がひどかった。Ａさんの場合も翌週の子ども会案内を配り忘れた際に、翌日配れば何でもないのに「今晩中に全家庭を回り、謝って配る」という非常識な指導をしている。そうやって親と学校の関係を穏便に収め、自分の管理職としての体面と業績に傷がつかないようにしているのかもしれないが、学校で働く教師の健康と安全を守る管理責任はどうなっているのか？　西東京市のケースでは校長主導で都の指定研究を次々に引き受け、休職者や自殺者が出てもその校長を表彰している東京都教育委員会の無責任さにあきれる。校長も「評価される存在」なので楽ではないだろうが、教師の生命や健康、伸びやかな成長と力量発揮は、学校として極めて大切なことがらではないのか。

　職場の管理層や同僚が、新採教師の苦労をサポートせず、むしろ責める側に回って追い詰めるというのは、「指導」に名を借りた組織的パワー・ハラスメントであり、じつに恐ろしい。それに事件後の反省もなく、「公務災害申請」・「裁判」にも非協力か、木村さんのケースのように申請却下を応援するとあっては、教育界の一部に巣食うそのような「事なかれ主義体質」や

「弱い者いじめ風土」が、事件の反省を通じて改善されていくことを願わずにはいられない。

　新人教師の手記では、管理職が上の例ほどひどくはない。それが一つの救いである。

(4)　支えが職場ないし職場外にあるかないか

　では「支え」のほうでの分かれ道は、何だっただろうか？　これは筆者が目にするのが『教育』掲載の若手教師手記や、教科研大会「教師の危機と希望」分科会などでの若手教師報告が多いので、考察が片寄るかも知れない。しかし、そういう一連のものを見聞する限りで、若い教師にとっての「専門職仲間」「教師仲間関係」はほとんど一つの学校を越えてその職場外につくられた「若手教師だけの会」や、「組合とか民間サークル・実践団体の中の若手教師を中心とする集まり」になっている。これらから少なくともいえることは、教師にとっての「専門職仲間」は、同一職場に限られないという点である。もちろん同じ職場にいる場合もあるだろう。しかし、別の職場やサークルや組合、大学時代からの友人関係など、その職場の外にある場合のほうがいまでは多いのではないだろうか。

　そういう場に、今日の若い教師を支えるつながり、あるいは若い教師たち主体の支え合うつながりがあって、そこで新採や若手教師がつまずいた状況を率直に出し合い、「苦しいのは自分だけじゃない」と救われたり、自分の苦闘と悩みとを受け止めてもらったり、職場で受けた「管理職や先輩同僚からの叱責」が「じつは不合理なもの」と気がついて自責感から解放されたり、他の人の経験に学んだり、対処への適切なアドバイスをもらったりする。そういう過程で、意識／無意識に、「子どもに対する見方や対処」についても新たに広がった視野を持てたりもしている。あるいは「クレームを寄せる親」についての新しい理解も開けたりしている。それは他に代えがたい専門職仲間の集まり・関係になっている（教師専門職の仲間関係のあり方について

は、本書第11章で再論する）。

　職場内の同僚関係でも職場外の仲間関係でも構わないわけだが、ともかく何らかの共通の状況や悩みを理解し合える人たちの仲間関係、支え合いの関係があるかどうかが、新採教師が困難な1年目を乗り切れるかどうかのもう一つの分かれ道になっている。

　以上の(1)〜(4)から本章冒頭の①②③④の困難4点の様相をまとめると、自殺に至った3ケースではこの4点がどれも厳しいという事情があった。それで短期間にうつ状態と深い自責に追い込まれている。何とか乗り切った手記執筆ケースでも、①②④はほとんど変わらない。ただそこでは③の管理職や先輩教師からの攻撃がそれほど厳しくないか、困難・苦悩を理解して支えてくれる人が職場内や職場外の関係の中にあって、若干のゆとりが生まれると、そこに気づきと反省に基づく工夫の機会を持てている。たとえば五十嵐さんは、新人教師たちの会に参加する中で、自分の子どもとの対応に「注意・指示」ばかりが多く、「子どもの声に耳を傾ける」ことが欠けていることに気づく。そこから、「先生あのねカード」を「先生あのねポスト」に入れてもらい、翌日に返事を励まし・賞賛の言葉を添えて返すという対話を行っている。

　　「ある朝休み、宿題の丸付けをしている私に『先生！　来て！　来て！』とベランダから大声で私を呼ぶ雅美ちゃんの声が聞こえました。今までの私なら、忙しさを理由に『後でね』と言って片付けていたことでしょう。しかし、私はすぐに、ベランダに向かいました。すると、雅美ちゃんは『先生、インゲン豆の芽が出ているよ！』と目を輝かせて言いました。私もうれしくなって『昨日まで出ていなかったのに、大切に育てたからだね』と言うと、雅美ちゃんは『うん！』とにっこり満面の笑みを浮かべて答えました。」

　お母さんを待っている間にコンビニで万引きをした一馬くん、学校に連絡があって一馬くんを引き取り家に送った翌日に学校で二人で話をしたとき、

第2章　教師1年目は特別に難しくなっている!?　43

「『先生は、一馬くんがものをとってしまったことは、絶対に許さない。でも、一馬くんがこういうことをしてしまったのは、心につらい気持ちや困ったことがあるからだと思うよ』／すると黙っていた一馬くんが、目に涙を浮かべながら『さみしかったんだ。もっとお母さんと一緒に遊びたいよ』とつぶやいたのです。『もっと甘えていいんだよ』。一馬くんを抱きしめると、目から大粒の涙が溢れ、声を出して泣いていました。」

　五十嵐さんに限らず若い教師たちは、そこに落ち着いた反省の余裕と機会があれば、問題の発端だった子どもとの関係づくりに新しい契機をつかんでいる。本物の教師を目指す新人教師たちには、機会と条件さえあれば、このような着実な成長がある。そのことに若い教師たちの持つ素晴らしい感性と資質が感じられる。

　つまずきの発端だった子どもとの関係が好転すると、親や管理職・同僚教師との関係も「難しいクラスで、むしろよく頑張っている」というように、評価が反転している。だから「子どもが若い先生が好きだし、まだ学年当初だから」という先述の楽観的予測は、むしろおおむね当たっているのであって、そのように新採教師を暖かく見守る周りの姿勢が重要だといえるだろう。

　新採教師がそのように困難と苦悩に陥った場合に、管理職や先輩教師がそれを「お前がダメだからこの学校（学年）の評判が落ちる」とばかりにその教師を責める側に回るのか、それともその教師が直面する困難と苦悩を理解して、それにふさわしいサポートをしてくれるような関係が持てるか、という所に分かれ道があり、後者のようなサポート関係の存在が若い教師の成長への条件となるだろう。

2　新採教師は１年後に全国的にどうなっているか？

　ところで、これまで自殺ケースと手記を材料に見て来たような教師１年目

44　第Ⅰ部　　日本の教師たちの今日的な受難

の困難は、どれだけの広がりがあるのだろうか？　それを公立学校教師の統計から見てみたい。

表2―1は最近18年間の新採教師・1年後の状況である。

①この18年間の当初は「非採用者（2年目に進めなかった教師）」が40人前後で、率も0.2％台である。しかし最近の9年間はそれが300人前後で、率も1％を上回り、数・率とも1桁上になっている。[8]

②表2―1の右端18年間累計で「死亡退職者」が59人いる。1年目に亡くなった若い教師たちに過労死やうつ病自殺がどれだけあるのか、それが心配になる数字である。

③「病気による依願退職」数が、1桁から2000年代後半には100人前後に急増する。病気の中の精神性疾患が、データのある2009年度以降ずっと9割前後を占めている。

④「不採用」「不採用決定の依願退職」という上からの権力的排除が18年間で38人＋197人＝235人にまで及ぶ。

⑤「その他の理由の依願退職」が18年間累計で2363人と「非採用者」の63.8％と最も多い。それは「学校職場のひどさに教師という仕事がイヤになった」か「不採用、病気や自殺にまで追いつめられる前に」と中途退職を選択しているのではないか。

以上は、文部科学省公表数字が語っていることである。しかし書類上は「依願退職」になっていてもその中に「不採用」と決定された数が197件も含まれているのと同様に、書類が「依願」や「病気」でも、実際はその後に過労死亡や自殺に至ったケースも考えられる。それらを表面化させない力が働くのだろうが、実際は自殺事例のような「悲惨なケース」は表2―1にみる数字の向こう側に意外と多いのかもしれないと思わされる。

というのは、被災3事例はその「公務災害」申請が行われたことで、初めて「希望を胸に着任した新採教師が、どうしてわずか2か月や半年くらいで〈うつ状態から自殺〉にまで追いつめられたのか」という事実経過の一端が明らかにされたのである。これとほとんど同様に、「追いつめられて苦しん

第2章　教師1年目は特別に難しくなっている⁉　45

表2－1　新採教師1年後の採用状況（公立

年度	1997	1998	1999	2000	2001	2002	2003	2004
不採用	0	0	0	1	1	4	1	7
依願退職	36	34	48	33	52	94	107	172
・うち不採用決定者						13	10	15
・うち病気による者	6	5	11	5	14	15	10	61
（うち精神性疾患）								
・うちその他の理由	30	29	37	28	38	66	87	117
死亡退職	2	1	3	2	1	2	1	5
分限免職	1	1	0	0	0	0	0	3
懲戒免職	2	1	0	3	1	2	2	4
欠格条項失職								
1年後の非採用者合計	41	37	51	39	55	102	111	191
全採用者数	15957	13594	11310	10517	12106	15980	18107	19565
1年後の採用者合計	15916	13557	11259	10478	12051	15878	17996	19374
〈1年後の非採用率〉	0.26%	0.27%	0.45%	0.37%	0.45%	0.64%	0.61%	0.98%
〈1年後の採用率〉	99.74%	99.73%	99.55%	99.63%	99.55%	99.36%	99.39%	99.02%

≪出典≫『教育委員会月報』各年末号に掲載の前年度データより（ただし、2001年度以前は「依願
よる者」の中で「（うち精神疾患）」の数は、それが公表された2009年度結果以降のみを載せ

だ／苦しんでいる」新人教師が日本全体でたくさんいるのではないだろうか。それを考えると、自殺ケースの「苦闘と悲惨さ」はどの一つもそれだけで絶対に見過ごしにはできないが、同時にそれは、同じような数多い事例の氷山の一角であることも忘れてはならないと思う。今日の日本の新人教師たちや教師層全体が置かれた状況、その困難と苦悩と受難の全体を、社会に伝えなければならないと考える。

学校教師、1997～2014年まで18年間のデータ）

2005	2006	2007	2008	2009	2010	2011	2012	2013	2014	18年累計
2	4	1	4	2	2	4	1	3	1	38
198	281	293	304	302	288	299	348	340	310	3539
16	14	12	10	27	20	16	20	13	11	197
65	84	103	93	86	101	118	122	92	93	1084
				(83)	(91)	(103)	(106)	(79)	(87)	
183	178	201	201	189	167	165	206	235	206	2363
6	5	5	2	9	3	4	2	2	4	59
0	1	0	0	0	0	1	0	0	0	7
3	4	2	5	3	3	6	4	6	6	57
			1	0	1	0	0		0	2
209	295	301	315	317	296	315	355	351	321	3702
20862	21702	21734	23920	24825	25743	28388	29615	29746	30000	373671
20653	21407	21433	23605	24508	25447	28073	29260	29395	29679	369969
1.00%	1.36%	1.38%	1.32%	1.28%	1.15%	1.11%	1.20%	1.18%	1.07%	0.99%
99.00%	98.64%	98.62%	98.68%	98.72%	98.85%	98.89%	98.80%	98.82%	98.93%	99.01%

退職」中の「うち不採用決定者」のデータが得られていない）。また「依頼退職」中の「うち病気に
た。そして「18年累計」は筆者が算出し掲載した

3 「低い信頼」から歩み出す新採教師に、先輩たちは

　学校教育に関わる人間たちの中で、教師が特権的に信頼される存在だった
時代が過去にはあった。しかし今日多くの教師たちはおおむね「かつてより
ずっと低くなった教師・学校への信頼」をベースにして、自分の教育活動を

第2章　教師1年目は特別に難しくなっている!?　47

遂行していく位置にあると考える。新採教師も、制度と文化によって何重にも守られて教職生活を始めるのではなく、そのような防壁が大いに弱まった中で出発しなければならない（本書第Ⅱ部で再論）。

　筆者は、新採教師の被災に関する2冊の本の編集にたまたま関わったので、これまでいくつかの機会に「学校の先輩教師は、何をすればいいのか」という趣旨の質問を受けた。

　新採教師が置かれた状況、そこで直面している困難の性格などには、それぞれの学校・学年の違いや、問題の性格、関わる人々（当人も含めて）などの違いで、先の①〜④にある共通性でさえ具体的に見ればほとんど千差万別といえるだろう。各雑誌に掲載の新人教師の声や集会・フォーラムの報告・発言でも「心配して言葉を掛けてくれた」ことが支えになった人もいれば、そういう言葉がけよりも「具体的なアドバイス」を求めそれに支えられた人もいる。先輩が「アドバイス」と思って語った「正論」が負担になる人もいる。教師人生はその人自身の物語がある。だから「こういう時はこうすれば必ず大丈夫」という絶対的サポート法があるとは思えない。以下では「これだけはしないで」の2点を述べて本章のまとめとしたい。

　①先輩教師や管理職のなかには、「自分が新採だったときは、自分はちゃんと乗り切った」という経験をバックに、「この教師がうまくできないのは、こいつがダメだからだ」という観念にとらわれる人がいる。その時代と今日とでは、教師の仕事をめぐる状況の困難は格段に深まっている。親の教師不信にしても、先輩教師たちが生んだ歴年の不信感がいま、一番弱い立場の新人教師に降りかかっているともいえるだろう。誤った経験主義と身勝手な憶測で「ダメ教師」扱いすることだけはないように、ぜひ願いたい。

　②「新採だから、初任研中だから半人前」という決めつけも、先輩として慎みたい。確かに1年目はまだ慣れず経験も不足して未熟な面が多いだろう。しかし年数を重ねれば人間は、また教師は必ず成長するとは限らない。その場に狎れてそこにしか通用しない雰囲気に染まりむしろ堕落することも大いにあり得る。新人の新鮮な感性に学ぶ姿勢のほうが先輩教師には求められる

48　第Ⅰ部　　日本の教師たちの今日的な受難

だろう。そのような対等な人間同士としての尊重の姿勢が互いにあるなかで、その教師が陥った困難・苦悩に対する本当の共有・共感（その人がダメだからそうなっているのではないという）も生まれ、そこでの経験を積んだ側からの声かけやアドバイスがサポートとして働くだろう。そういう教師仲間関係が職場文化として形成されれば、それは新採教師が成長できる学校職場だと思う。各学校にそういう職場文化が生まれることが望まれるが、それが難しい所では学校外の仲間関係も大切になるだろう（本書第11・12章で再論）。

注

(1)　久冨善之・佐藤博編『新採教師はなぜ追いつめられたのか』（高文研、2010年）という書物では、同書「Ⅰ」で３つの新採教師自殺事件を、「Ⅱ」で３人の新人教師の「手記」をとり上げ、筆者（久冨）は「Ⅳ」で、本書の本章と若干重なる点も含めてそれらの比較と考察を行っている。

(2)　東京で起きた新宿区のＡさん、西東京市のＢさんのケースの具体的状況については、前注(1)の書物に収録の弁護士・川人博「二人の新採教師自殺事件に即して考える」（同書Ⅰ、pp.12-35）を参照。また、Ｂさんのケースは、遺族が原告となって「地公災の〈公務外処分〉を不当」として裁判所に訴えを起こし、2016年２月29日に「原告勝訴」の判決が東京地裁で出ており、その判決文にはかなり詳しい事実経過と「公務災害」と裁判所が認定した根拠が示されている。この判決文も、教科研ホームページの「教育情報」欄に掲載（ただし同ホームページは、現在刷新中で2017年１月中には正式公開する予定）。

(3)　五十嵐百恵「夢を追い続けて」（前注(1)の久冨・佐藤編に所収）より。

(4)　『教育』2008年１月号・４月号、『教育』2009年１月号・４月号・11月号などに掲載の若手教師の一連の手記を参照されたい（前注(1)の本に収録の３手記はそこからのもの）。また、単行本になったものとしては、佐藤隆・山﨑隆夫と25人の若い教師たち編『教師のしごと：泣いて、笑って、ちょっぴり元気』（旬報社、2012年）、佐藤博・山﨑隆夫編著『みんな悩

んで教師になる』（かもがわ出版、2012年）などがある。他にも、同様の若手教師の手記は、公刊された雑誌では『クレスコ』（全教・クレスコ編集委員会編）や、『季刊・人間と教育』（民主教育研究所編）などに、多く掲載されている。

(5) 前注(1)の本の「Ⅲ」に収録した「教育フォーラム（「教科研・教師部会」と「学びをつくる会」との共催）・記録」には、「職場のおじさん・おばさん」というような、同じ職場内の先輩教師たちのサポートの例が出てくる（同書 pp.136-138 を参照）。

(6) 自責へと追い詰められる点は、新宿区のＡさんの「無責任な私をお許しください。全て私の無能さが原因です。家族のみなさんごめんなさい」という残されたノートの言葉に典型的に示されている。前注(1)(2)の川人博弁護士へのインタビュー p.17 を参照。

(7) この箇所の記述と引用は、いずれも前注(3)の手記より。

(8) 数・率ともに1桁上といっても、なお採用者のほうが98％強で圧倒的である。それでも100人に1～2人が非採用となる現実は、Ｂさんのケースで、西東京市における校外初任者研修の際の指導担当者による「病休・欠勤は給料泥棒」「いつでもクビにできる」という趣旨の脅しが、新採教師Ｂさんに本気で不安を感じさせるのに十分ともいえるだろう。「小さい頃から先生になるのが夢」であったＢさんだけにいっそう不安が大きく、うつ状態の十分な改善がないうちに、「夏休み明けも病気休暇を継続する」という選択をためらわせた可能性が考えられる。その点では、初任者研修におけるこの種の「脅し」の乱用は、大変な罪であり、厳に慎むべきだろう。前注(2)の川人博インタビュー記録と、前注(2)後半の東京地裁判決とを参照。

第3章　教師たちが置かれた圧迫状況とその背景要因

1　ベテランも含む教師層全体の苦悩が深い

　第1章の木村裁判判決に先立つ(a)〜(d)のうち、(b)以外の3つの判決は新採教師ではなく、中堅・ベテラン教師のものだった。教師経験年数や年齢などの点で、新採教師とは条件の違いがあるとはいえ、そこにも「子どもとの関係づくりの困難」「職場での孤立」が顕著に見られた。たとえば木村事件静岡地裁判決があった後の次のケースを(e)としてみよう。

　(e)角隆行さん被災事件、大阪高裁判決（2012年2月23日）：1998年に京都市下鴨中学の40代後半の男性教師・角さんが、受け持ちクラスの子どもたちとのクラスづくりの困難、立ち上げたバスケットボール同好会の指導の難しさなどで苦悩と過重労働が重なり、うつ状態から自殺したケース。地公災は3度「公務外」と裁定し、京都地裁も不当判決であったが、大阪高裁は公務諸領域の心理的負荷の重合と長時間労働状況を認めて、逆転で「公務上災害を認定せよ」と地公災に命ずる判決。地公災側の上告断念で、公務上災害が確定。

　この大阪高裁判決文は、地裁判決を覆すために事実認定をやり直しており、その判決文を読むと、生活指導にもバスケットボール指導にも自信を持っていたこのベテラン教師でも、生徒たちとのちょっとした行き違いから教師・生徒関係が崩れると、急速に孤立し追い込まれてしまう、その様子が如実に

描かれている。⁽¹⁾

　学校職場は、どうしてこのように困難に陥った人が（ベテランの場合も）たちまち孤立し追い込まれるのだろうか？　その学校の管理職や同僚教員たちがたまたま「ひどい人だった」のだろうか。しかしもし特殊な学校だけの問題でないとすれば、学校教員社会と同僚教員間の関係から「人間の相互尊重」の心と雰囲気を奪い、管理職も含む同僚教員内部に「相互不信」を浸透させる、そういう作用がこの20年〜10年を通じて強くなっているのではないか、そこに学校の同僚教師間の関係から、相互の信頼や尊重を奪ってしまうような強い圧迫が加わっているのではないかと考える。

　こうした圧迫状況について、統計的なデータと社会的要因とから考えてみよう。

2　「強い圧迫」を示す統計データを見る

(1)　教師の病気休職と精神性疾患の増加

　勤労者の精神的健康（メンタルヘルス）が各方面で注目されているが、特に公立学校教師については深刻である。図3—1に見るように「病気休職者」の数と、その中で「精神性疾患」の占める数と比率の増加が顕著になっている。図で30余年間の推移を見ると、1970年代末にまだ2割弱だった比率は、90年代前半に3割に。以降2009年までの20年間は折れ線グラフが上昇を続け、2009年度では63.3％になっている。90年代半ば以降の病気休職者数の右上がりはもっぱら「精神性疾患」の増加によっている。

　最近の数年間は、棒グラフで精神性疾患休職者数が減少ないし高止まりし、折れ線グラフでその比率もやや減少している年度もある。「高止まり」とはいえ、これが本当の減少であるならば事態の改善が期待できるのだが、それ

52　第Ⅰ部　日本の教師たちの今日的な受難

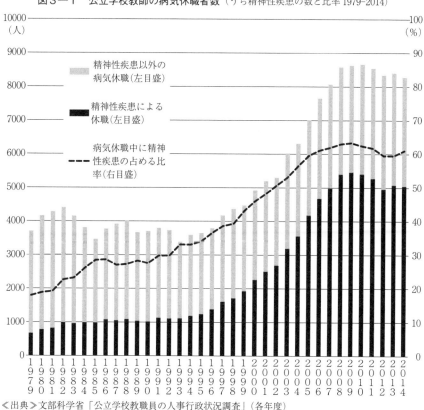

図3—1 公立学校教師の病気休職者数（うち精神性疾患の数と比率 1979-2014）

≪出典≫文部科学省「公立学校教職員の人事行政状況調査」（各年度）

は疑わしい面もある。この5年間に「精神性疾患以外の病気休職者数」がやや不自然に増加しているからである。これが、官庁統計によくある統計的詐術かどうかは、検討が必要になる。

　この数値・比率を教師の属性で分けて見たのが、表3—1である。「学校種別」では、病気休職率・精神性疾患休職率とも中学校・小学校のほうが、高校よりも高い傾向にある。「性別」では、精神性疾患休職率はあまり変わらず、女性教師が病気休職率だけがかなり高い状況である。「年代別」では、病気休職が上の年代ほど高いのは理解できるとして、同時に精神性疾患休職

第3章　教師たちが置かれた圧迫状況とその背景要因　53

表3—1　公立学校本務教員の病気休職者・精神性疾患休職者とその率

(2014年度　学校種別、性別、年代別、職種・職位別)

		在職者人数 (A)	病気休職者 数 (B)	精神性疾患 休職者数 (C)	病気休職率 =B/A(%)	精神性疾患に よる休職率= C/A (%)
公立学校教員・合計		919,253	8,277	5,045	0.90%	0.55%
学校種別	小学校	409,753	3,899	2,283	0.95%	0.56%
	中学校	237,082	2,366	1,548	1.00%	0.65%
	高等学校	187,103	1,168	675	0.62%	0.36%
	中等教育学校	1,541	4	4	0.26%	0.26%
	特別支援学校	83,774	840	535	1.00%	0.64%
性別	男性教師	448,631	3,428	2,373	0.76%	0.53%
	女性教師	470,622	4,849	2,672	1.03%	0.57%
年代別	20歳代	112,039	707	547	0.63%	0.49%
	30歳代	177,727	1,776	1,134	1.00%	0.64%
	40歳代	221,114	2,177	1,390	0.98%	0.63%
	50歳代以上	315,894	3,617	1,974	1.15%	0.62%
職種・職位別	校長	33,840	70	20	0.21%	0.06%
	副校長等	37,956	164	74	0.43%	0.19%
	主幹教諭等	22,024	149	81	0.68%	0.37%
	教諭等	764,247	7,498	4,682	0.98%	0.61%
	養護教諭	38,695	272	112	0.70%	0.29%
	その他	22,491	124	76	0.55%	0.34%

注1　「副校長等」は教頭を含む。「主幹教諭等」は指導教諭を含む。「教諭等」は助教諭、講師(本務者)を含む。「養護教諭」は養護助教諭を含む。「その他」は栄養教諭、実習助手、寄宿舎指導員を示す

注2　表で網掛けがやや濃い欄は他の層より比率がかなり高いことを示し、やや薄い欄は他の層より比率がやや高いことを示している

注3　年代別の「在職者人数(A)」は、学校基本調査にこの分類項目がないので2013年度の「学校教員統計調査」の数値を使っている。そのため、他の欄の当該年度の学校基本調査の数値とは合計が違っている

≪出典≫「平成26年度公立学校教職員の人事行政状況調査」(2015年12月25日文部科学省公表)

率にも同じ傾向がある。第1・2章では「新採1年目」がとても苦しいと考えてきたが、20歳代はそこを過ぎると何とか乗り切って行く人が多いようにも思える。逆に中堅・ベテラン教師のほうが、体の面でもメンタルな面でも苦しく、また追い詰められるケースが多いということになるだろう。

「職種・職位別」では、学校管理層ではなく、子どもと直接に対面し、そ

54　第Ⅰ部　日本の教師たちの今日的な受難

れも学級・授業で子ども集団を相手にしている「教諭等」が、抜きん出て病気休職率も精神性疾患休職率も高くなっている。学校教員のなかでも人数が83％余と圧倒的に多い「教諭等」に休職率が特に高い点に、教師層への圧迫の全般的な強さが感じられる。

　以上、属性別のある程度の差はあるが、このような精神性疾患休職が全般的に高い状況は「日本の教師」という 100 万人弱いる社会層が、かつてない「困難と苦悩」の中にいることを示していると思う。

(2)　指導力不足教員・希望降格の数

　「指導力不足」教員の認定数は、表３―２に見るように、2000 年から 15 年間累計で 4,235 人である。ただこれは複数年にわたって同一人が認定されているので、実数ではない。15 年間に現場復帰した人は 1,053 人で、認定された後に何らかの理由で退職した人も 884 人と同レベルいることがわかる。それ以外は、なお認定・研修中か休職中などであるわけだが、そこから半数近くが退職するという推移になっている。つまり認定者を教職から排除する働きの強い制度になっているのである。

　本人の「希望降任」は表３―３に見るように、02 〜 14 年の 13 年間累計 2,037 人で、副校長と主幹教諭からの降任が大部分になっている。その点では、中間管理職層にも、苦悩が浸透しているともいえるだろう。「希望降任」を制度として導入する自治体（この場合の「自治体」は、公立学校教員の採用権を持つ「47 都道府県と政令指定都市」を意味する：以下同じ）の数も、当初はまだ少なかった（2002 年は 19 自治体）が、2012 年度以降は ［47 都道府県 +20 政令指定都市 =67 自治体］ の全自治体に広がっている。

(3)　長時間の過密労働

　日本の学校教師たちの長時間過密労働が、もう一つの大きな問題である。

表３－２　「指導力不足」教員の認定と、その後の

年　　度	2000	2001	2002	2003	2004	2005
「認定」された者の数	65	149	289	481	566	506
各年度研修対象者数					400	362
現場復帰した者の数	18	39	94	97	127	116
認定された人のうち、教職を退職した者　合計	22	38	59	96	112	111
依願退職	22	38	56	88	99	103
転任				3	1	2
分限免職			3	5	11	6
懲戒免職					1	

注　「認定された人のうち、教職を退職した者」には「認定」後に研修を受けず措置（依願退職、懲
≪出典≫『教育委員会月報』11 or 12 or 1 月号「公立学校教職員の人事行政状況調査」（各年）と、

表３－３　「希望降任制度」利用・実

年度	2002	2003	2004	2005	2006
(a)校長からの希望降任	2	6	5	8	8
(b)副校長からの希望降任	44	60	71	60	62
(c)主幹教諭からの希望降任					12
〈合計の希望降任者〉	46	66	76	68	82

≪出典≫表３－２に同じ。ただし「13年間累計」は筆者が算出して載せた

　たとえば、2006年の文部科学省の「教員勤務実態調査」では、小・中・高ともに正規の勤務時間と残業時間だけで、１日平均10時間を超え、「持ち帰りの仕事時間」を加えるとさらに多いという結果が出ていた。OECD（経済協力開発機構）国際比較データでは、日本の学校教員の労働時間が、所定内でも所定外でも比較可能な国々中で一番の長さであった。OECD諸国平均値と比較して約1.5倍であり、日本の教師たちの労働時間は他国よりも「異常に多い」といわねばならない。その上に、担当クラス・授業の子ども数も他国よりも多いので、まさに異例の長時間過密労働の中にあるといえるだろう。[4]

研修、また退職した人の「理由」(2000 年度〜 2014 年度)

2006	2007	2008	2009	2010	2011	2012	2013	2014	15 年累計
450	371	306	260	208	168	149	137	130	4,235
268	268	204	195	143	115	94	77	77	2,203
101	87	78	73	62	47	42	37	35	1,053
115	92	52	53	36	31	22	26	19	884
104	85	42	48	30	26	21	23	15	800
7	2	6	2	3	2	0	1	3	32
4	5	3	3	1	2	1	2	1	50
		1							2

戒免職、分限免職) された者を含み、死亡・休職・休暇は含まない
文部科学省ホームページより。ただし「15 年間累計」は筆者が算出して載せた

施状況の推移 (2002 年度〜 2014 年度)

2007	2008	2009	2010	2011	2012	2013	2014	13 年間累計
5	4	6	8	7	13	9	6	87
69	84	90	93	86	91	107	136	1,053
27	89	121	103	116	133	157	139	897
101	177	217	204	209	237	273	281	2,037

　近年のデータとして全日本教職員組合(略称：全教)の「勤務実態調査 2012」がある。その報告書によれば、6,393 人(うち「教諭等」は 5,880 人)の回答で、公立小・中・高・障害児学校の教諭等の 1 か月平均の校内時間外労働が平均で約 73 時間(平日が 57 時間、土日出勤が 16 時間)、これに持ち帰り仕事時間の約 22 時間半を合わせると、平均でも「過労死危険ライン」をかなり超えて月に約 95 時間半という長時間労働になっている。「仕事が多過ぎる」という回答が 84.6％に及んでいる。

　さらに表 3 ― 4 に見るように 2013 年の TALIS(OECD 国際教員指導環境調査)では、参加 34 か国・地域の週勤務時間の平均が 38.3 時間であるのに

表3－4　**教師の仕事時間**（日本とOECD平均との比較）（合計と4領域抜粋。単位は時間）

国名	週の仕事時間の合計	指導（授業）に使った時間	学校運営業務への参画に使った時間	一般的事務業務（教員として行う連絡業務、書類作成その他の事務業務を含む）に使った時間	課外活動の指導（例：放課後のスポーツ活動や文化活動）に使った時間
日本	53.9	17.7	3.0	5.5	7.7
OECD平均	38.3	19.3	1.6	2.9	2.1

注1　「OECD平均」は、参加の34の国・地域のデータの平均値である
注2　今回調査は第2回（第1回は日本不参加）である
≪出典≫OECD「国際教員指導環境調査（TALIS）」（第2回、2013年）の結果より

対して、日本は最も多く53.9時間とやはり1.5倍近くになっている。しかも「指導（授業）に使った時間」では決して長くはない（日本：17.7時間／参加国平均：19.3時間）。日本が長いのは「学校運営業務への参画に使った時間」（3.0時間／1.6時間）、「一般的事務業務に使った時間」（5.5時間／2.9時間）、「課外活動の指導に使った時間」（7.7時間／2.1時間）の3領域である。「課外活動」については参加生徒にとっても、指導教師にとっても「ブラック部活」として現在一つの社会問題となっており、その見直しが各方面で論議されている。

　日本の教師の長時間過密労働の実態は、より正確で詳細なデータを把握し、その解決を世の中に訴えなければならない。

3 「圧迫」の背景にある要因を考える

　以上のようないくつかの圧迫状況には、それに特有の要因・背景があると考える。ただし、教師の場合の困難と苦悩と今日的圧迫は、近代の学校教師の仕事に特有の面もあり、また日本の明治以来の独特の学校文化・教員文化の形成と働きの歴史的変化という問題があるので、それは本書第Ⅱ部「教師という仕事柄の歴史的・文化的再考」でまとめて考えたい。以下では「教師という仕事の性格がいまも教師たちの内面に生きている面」と「子ども・親の側の社会的変化」という２つの要因について記述する。「教育政策・教育改革」という要因については、本章末尾で箇条にして、次章であらためてそれを本格的に検討したい。

(1)　「教師の仕事の性格」という要因

　どんな仕事にもそれに特有の性格と難しさがある。教師の「教える」という仕事にも独特の性格や難しさが指摘できる。まず「教える」仕事は、学ぶ側に生きなければ意味がない。だから計画・準備が大事なだけでなく、その時その場の学習者側の反応につねに気を配り、予定変更も含むアドリブで進めることになる。そこには相手の側の反応に気を配る張り詰めた感覚がある。これは対人援助職におおむね共通の性格なのだが、学校教師は同じ場面での相手の人数が多いので、特に学級全体のなかの一人ひとりの子どもたちの反応と、その集団としての雰囲気とに気を配ることが必要になる。その消耗の積み重ねが、「バーンアウト（燃え尽き）は教師の職業病」といわれる傾向を仕事柄として持っている。

　また教員世界では、「熱心さ」がどの国でも価値になっている。じっさい

「熱心」と見られることは学級や授業での生徒との関係づくりでも、親からの信頼を確保する場合にもかなり有効に違いない。もちろん教師全員が熱心とは限らない。それでも「多忙」は「熱心教師」が胸につけた勲章になる。教師という仕事はその性格の内側に「長時間労働もいとわずとり組むのが美徳」という、自分たちを圧迫する面をもともと持っている職業だといえるだろう（こういう教師の仕事の難しさと性格は、本書第Ⅱ部第5・6章で再論）。

(2) 子ども・親の変化がいっそうの圧力に

子ども・親との関係づくりは、教師の仕事に欠かせない課題である。この間の社会変貌と子ども・親に起こった変化はそれをいっそう難しくしている。90年代以降では「学校の当たり前」とセットだった「教育は専門家である学校・教師に任せる」という伝統的学校観・教師観が弱まり、「学校はサービス機関、教師はサービス提供者、親は消費者」という新自由主義学校観を持つ親も登場して、その方向からの教師への攻撃と非難も珍しくない状況になっており、これが教師たちを圧迫している。

それに、この間の長期不況は親世代を苦しめ、生活・労働・子育てに関する不安・ストレスが高くなっている。それが、新採教師のケースでも見られたように、親から教師・学校への不信・不満・苦情をやや攻撃的にする傾向の土壌になっていると思われる。

同時に、そういう不安定な家族の中で育つ子どもたちのなかには、すでに心に深い傷を負い「不安と人間不信を抱えて」教室にきているケースが見られる。さらに情報・消費文化が子ども社会にも浸透し、「学校の当たり前」（＝学校文化）から外れる文化の拠点を子ども・若者に与えていることも、学校での指導の難しさにつながるだろう。

このようにいまの社会が、子どもが育ちづらく、親にとっても子育てが難しいという背景があって、こうした一連の変化が、教師の仕事柄が元来持つ圧迫をいっそう重い課題にしていると考えられる。

(3) 教育政策が事態を悪化させる問題

　上のような性格と変化があればそれを察知して、学校と教師がその仕事を全うできるように支えることが教育行政の役割である。しかしこの間の教育改革・教育政策・教育行政はその正反対の方向に進み、学校と教師への圧迫の元凶ともいえる要因になっている。この20年余の教育改革・教育政策を〈学校教育政策一般〉と〈教員制度改革〉とに分けて、ここでは箇条的に項目だけ挙げ、次章でそれを検討したい。
　〈学校教育政策一般で〉
　①学習指導要領と学力政策の押し付け
　②観点別学習評価の押し付け
　③「説明責任」の強調と、そのための書類づくりの押し付け
　④学校評価制度の導入
　〈教員制度改革で〉
　⑤不適格教員（指導力不足教員）の教職排除政策
　⑥教員人事考課の導入と広がり
　⑦教員免許更新制度の導入
　⑧教員集団内の職階制（官僚制）の強化
　この8項目について敢えて章を改めるのは、今日の課題として本格的批判・検討が必要になっていると考えるからである。本章「3(1)(2)」といった教師の仕事や子ども・父母の要因はどれも大変ではあるが、それらは学校・教師がその仕事の使命としてとり組む課題である。じっさいに、困難もあるがやりがいもある。しかしこの「3(3)①〜⑧」は、教師の仕事を助けるべき社会的作用が逆に圧迫するという、社会的にはまったくの無駄であり逆機能である。これが、重ねていうが、章を改めて本格的検討をする理由である。

第3章　教師たちが置かれた圧迫状況とその背景要因　61

注

(1) この角さん被災事件・大阪高裁判決文も、第1章の地裁・高裁判決文と同様に教科研ホームページ（https://kyoukaken.jp/）の「教育情報」欄に出ている。なおここで、地公災での「公務上」か「公務外」かの審査・処分・裁定の過程について補足しておきたい。「3度『公務外』と裁定」といった場合の「3度」というのは、1度目は被災者遺族が地公裁に「公務上災害と認めてその被災を補償する」ことを申請した際に、地公裁の当該支部が、その被災を「公務上災害」とは認めず「公務外」と認定し、そうした処分を下すことである。2度目は、被災者遺族がその「公務外処分」を不服として、当該支部にある「支部審査会」にその「処分」について審査請求をして「処分の取り消し」を求めた際に、当該審査会がその「請求」を却下することである。3度目は、被災者遺族がその「請求却下」を不服として、地公災本部にある「本部審査会」に、あらためてその「処分」について再審査請求をして「処分の取り消し」を求めた際に、本部審査会がその「再請求」を却下することである。

前章に記したケース(b)で被災した新採教師・Aさんの場合は、Aさんの遺族（父）は、上の2度目の「審査」で「請求を認める裁定」が行われたやや稀な例で、その「報告会」（筆者も出席した）で「（Aさん被災から）4年以上もかかったのに、誰からも『とても早かったね』と言われる」という趣旨の驚きを「会」の冒頭挨拶で報告していた。

前章に記述したケース(C)で被災した田村さんの遺族（夫）は上の2度目と3度目の「審査」の際に「発言機会は与えられたが、両方合わせても、それはわずか8分だった」と、地公災の制度とその運用への強い憤りを筆者自身に語ってくれた。

(2) 統計的詐術は、この場合どういうメカニズムで起こるだろうか？ たとえば、平成22年1月20日付け初等中等教育企画課長通知「平成20年度教育職員に係る懲戒処分等の状況、服務規律の確保及び教育職員のメンタルヘルスの保持等について」が出ている。しかし、それは起こったあとの相談体制と、教育委員会と学校への「教師の仕事整理」の通知である。そのように教師の仕事を増やしているのは、本書第4章で見るように、むし

62　第Ⅰ部　日本の教師たちの今日的な受難

ろ文部科学省の教育政策である。「加害元凶」が何の反省もなく、このような通知を「病気休職と精神疾患休職の数・率の全国と都道府県・政令指定都市別のデータ」公表のすぐ後に出すと、それは「対策」として「公表数字を少なくする」速効的な統計詐術を各自治体に迫る圧力となるのではないか。その「詐術」は、「精神性疾患」という診断書を、「精神性疾患以外」の病気の診断書に書き換えて（医師に依頼する形で）、あらためて出し直してもらうといったように行う可能性を現実化することであろう。

(3) この表3―1で、病気休職数から、病気休職率、精神性疾患休職率を算出する場合、その分母となる「実人数」を、その年度の5月1日・学校基本調査の「本務教員数」を文部科学省発表も用いている。ここに前注とやや異なる統計的詐術が介在している。つまりこの「本務教員」には、兼務でなければ、1年間仮採用の新採教師も、長い時間勤務の臨時採用教員の数も含んでいる。こういう人たちには、病気休職する資格がないから、その数は明らかに分母から外すべきである。ただし、表3―1の（B）（C）の数や、その比率を「絶対数」としてでなく、単に教員属性の違いが及ぼす影響の比較、という目的だけに用いるならば、一応有効と考えてここでは公表されたそのままの数と比率を載せている。

先の図3―1で、近年の病気休職者総数が若干減少ないし高止まりしているのは、本当に減少傾向にあるのか、それとも前注(2)の「統計詐術」に加えて、文部科学省の別のデータも認めるように、「正規教員」でない、「臨時採用教員」の数が近年急増していることが影響しているか、この点も検討が必要であると考えられる。文部科学省の「公立義務教育諸学校の学級規模及び教職員配置の適正化に関する検討会議」（第14回、2012年6月19日）の付属資料に、臨時等非正規雇用教員数の近年の増加の資料があり、議事録では臨時教員増加が教育の質低下を及ぼすと心配されている。http://www.mext.go.jp/b_menu/shingi/chousa/shotou/084/gijiroku/1326179.htm

公立学校教員人事を司る都道府県と政令指定都市の教育委員会は、当然ながら本務教員の数の中の、休職する資格のある人、ない人それぞれの数を完全に把握しているはずであるから、それを報告し全国的に集約するべ

きである。あえて病気休職の資格のない人も分母に入れて数値を算出しているのは、臨時教員が 10％に及ぶ現在では、休職者数増加傾向が「頭打ちから減少へ」と転じているような虚構をつくり出す統計詐術である。

(4) 日本の教師の長時間労働データや「過密長時間労働」裁判については、『クレスコ』2009 年 12 月号、特集「STOP!　教職員の長時間過密労働」また、『季刊　人間と教育』No.83、2014 年秋号の特集「センセイの時間」、などを参照されたい。

(5) 全日本教職員組合『「勤務実態調査 2012」のまとめ（最終報告）』2013 年 10 月発行。

(6) OECD の TALIS 2013 は、コア調査が前期中等教育（日本では中学校）が対象である。

(7) 小学校の教室におけるこうした状況については、たとえば田中孝彦・藤田和也・教育科学研究会編『現実と向きあう教育学』（大月書店、2010 年）の冒頭、1 章・2 章の山﨑隆夫さん、大河未来さんという 2 人のベテラン小学校教師の実践記録にリアルに描かれている。

第4章　教育改革・教育政策が進める「行政犯罪」

1　教育政策・教育行政が、圧迫の元凶要因に

　前章までで検討してきたように、今日の教師たちが直面する困難・苦悩は簡単なものではなく、子どもとの関係づくりの難しさを原点としながら、そこにさまざまの要因が折り重なって生じている。だから単に、この子どもが、この親が、この教師が、この学校が「悪い」と元凶を特定できるようなものではなく、社会の歴史的変化の中で学校教育に背負わされた新たな現代的課題、まさにとり組む価値のある課題というべきだろう。

　ところが「誰が悪い」と明確に名指しできる要因もある。上のような社会的変化と学校教育と教師の困難があればそれを察知して、学校と教師がその仕事を全うできるように支えることが教育行政の役割である。ところがあろうことか、この間の教育改革・教育政策・教育行政はその正反対の方向に進み、そのことが学校と教師の仕事を圧迫する重要な要因になっているからである。

　精神科医師・野田正彰さんは、論文「壊れゆく学校と奪われる教師の良心」において、広島県立因島高校で起こった２人の教師の「うつ状態からの自殺」に関連して、その背景要因に言及し、

　　「教員の教育への創意工夫を許さず、上からの『させられる教育』を押し付けてきたのは、誰か。職員会議を認めず、校長、副校長、主幹、主任

による命令伝達を進め、パソコンによる書類作り、報告書作りで教員を忙殺し、思考力も感情も枯渇させてきたのは、誰か。コミュニケーションを減少させたのは、誰か。学校を格差づけ、進学校、中高一貫校に予算を多くし、保護者の要望なるものを歪めて、煽ってきたのは、誰か。」

と問うている。そして、こういうことを先頭に立って進めてきた教育行政官僚たちが、現場で何か事件が起こると、まるで公正な第三者のようなもっともらしい顔で、事件を解説し、その原因を教師に押し付けたりする点について「職場の労働環境を悪くした者たち（が行っている）……こんな行政犯罪を、いつまでも許してはいけない」と述べている。

筆者はこの野田論文を通じて「行政犯罪」というやや過激な、しかし現下の学校・教師を苦しめている元凶を的確に言い当てていると思われる言葉を初めて知った。そして「そうか、これは〈行政犯罪〉なのだ、そう呼ぶべき事態なのだ」と深く共感した。本章の以下では、この「行政犯罪」がどうなされて来たか、どのような方式で教師たちを圧迫しているかを、「学校教育政策一般」と「教員制度改革」とに分けて検討したい。その上で、日本の教育改革・教育政策・教育行政が、膨大な教育予算と行政権限を持ちながら、なぜ「行政犯罪」という形でしかそれを使用することができない存在になっているのかについて考察したい。

2　この間の教育改革・教育政策の「犯罪」的・圧迫的性格

(1)　学校教育政策の分野で

学校教育をめぐる政策項目は膨大であり、またその作用は相互に重なるので、区分して記述するのは、若干の単純化が伴うが、とりあえず目立つものを挙げておきたい。

①学習指導要領と学力政策の押し付け：学校カリキュラムでは、この20年間に「新しい学力観」から「生きる力」そして「学力重視」へとカリキュラム政策が幾度も揺れ、学習指導要領も4度変わった。そもそも、文科省に「これからの時代を生きる世代が何を学ぶべきか」の最善の知恵・経験・工夫が集まっているとはとても思えないし、それを信じる人も少ないだろう。しかし日本の教育行政の中央官僚機構は歴史的に「中身には無能」であっても「それを押し付けることには有能」な存在として教育界を支配してきた。

じっさい文部科学省が決定する「学習指導要領」、他国に見られないほどの細かさで記述したその各教科・領域の学年ごとの目標・内容を「それに従って教育活動を展開するように」と各学校に押し付け、また「教科書検定制度」を通じて主要な教材としての教科書の内容に押し付けている。また、各教科・領域の学年ごと時間数なども細かく規定し、入学式・卒業式における「日の丸・君が代」を押し付け、地域によっては、それに従順でない教師に対する厳しい処分まで行っている。[2]

この間、政策当局側の「学力」政策が上に述べたように揺れたので、その面での指導要領の基調が変化した。このコロコロ変わるものを、そのたびに強要される学校・教師の側はたまらない。教育の営みには落ち着きと安定が必要なのに、上からの押し付けで、教える内容・方法や目指すものが次々と、変わるようでは、それに応じて現場での毎年・毎学期・毎日のとり組みを、組み直さなければならない学校・教師の苦難が思いやられる。これに対する現場教師の不満・怨嗟の声は非常に多い。[3]

そういう揺れの果てに今日では、学力重視政策のために、地域間・学校間・教師間の競争を煽る手段として学力テストとその結果が使われるという一段と悲しい事態を生んでいる。全国学力テストの実施は、一つは各学校が本当に「指導要領通り」を守っているかを、生徒の学力修得結果を通じて確認する国家統制という意味を持つ。もう一つは、そのテスト実施と結果通知（一部公表）を通じて、各都道府県、各地域、各学校を競争させることで、その学力修得強化を図るという意味がある。そして、この学校教育の目標・

内容をめぐる国家統制と競争強化とは、じつは相互に強め合う「共犯関係」にある。つまり、国家統制によって学校教育の目標・内容が画一化していることによって、その目標・内容の獲得・達成へ向けての、子ども同士の、また教師・学校間の競争関係を誘発する。同時にそうやって子ども・教師・学校が、競争での達成・勝利に強く指向すれば、学校で何のために何を学ぶのか、何のために何を教えるのかについてのまともな問いかけが忘れられ、目標・内容への国家統制に無批判になり、むしろ画一的なほうが競争の目標が明確で有効だという意識さえ広がる。国家統制と競争強化とのこうした相互補完・共犯関係(4)は、全国学力テストの実施においてその共犯関係・補完性が見事に結晶した姿を示している。またじっさい、各学校・各地域では、学力テストの平均点向上のために「結果を検討して課題を明確にする」分析作業や、直接的点数向上のため「過去問練習のくり返し」を生徒にやらせるなど、教育や子どもの発達という観点からは、ほとんど無意味だと思われるとり組みが広く横行している。2000年代における学力テストの全国的押し付け実施の罪悪は、極めて大きいといわなければならない(5)。

　②観点別学習評価の押し付け：学習評価のあり方を規定する「指導要録」も、学習指導要領に合わせて3度変わった。しかしそこでの「観点別評価」という方式だけは20余年間変わらない。学習評価は教育の重要な仕事であるが、そもそも「観点別」に評価しなければならない必然性はない。その4観点、たとえば「関心・意欲・態度」「知識・理解」「技能・表現」「思考・判断」(科目や学年段階によって観点の名称が変わるものもある)は、もともと人間の「もののわかり方」として相互に重なり合っており、別々ではあり得ない。それに4観点を「別々」にしかも「教科・科目・単元ごと」に「どの子についても」評価を記録することは、教え、観察し評価する人間の行為・作業として、誰が考えても不可能である。そういうことを押し付けている。観点別評価は、教育にとって大事な評価という仕事に、人間業では不可能な「無用に煩雑な作業量」を押し付けるものである(6)。このことへの学問と現場からの批判は、1991年指導要録以来ずっと続いて、こんなものを「いつま

で続けるのか？」という疑問が絶えない。にもかかわらず相変わらず、反省もなく、批判への聞く耳も持たず、押し付けを続けている。

①②という学習指導に関する基本政策が、学校と教師の自主性・創意性・工夫をどれだけ圧迫し、逆に「何の役にも立たない無駄な」作業や書類づくりを、いったいどれほど強要しているか、空恐ろしい。それはまさに「行政犯罪」である。

③「説明責任」の強調と、そのための書類づくり押し付け：英米での1980年代以来の教育改革で登場した“Accountability”という英語が、日本では「説明責任」と訳され、「何かの苦情が来た際に言い訳できる書類を揃える」作業を学校・教師に強いている。たとえば②の観点別評価について一人ひとりの子どもの評価結果の説明資料を揃えるなどが行われている。もちろん、説明すること、説明できることは意味あることであるが、そのもとになる教育活動が「学校の社会的責任を果たしている」ことのほうが何倍もaccountable で「応答責任（responsibility）」にも応える、重要なものである。「言い訳」を前提にした書類づくりとその整理に大きなエネルギーと時間を取られて、本来の教育責任を果たす努力が圧迫されるのは、学校教育の目的から考えてまったくの本末転倒である。

④学校評価制度の導入：2006年秋〜2007年の第一次安倍内閣の「教育改革」において、「教育基本法」改訂と、それを受けての急遽の法案化である「教育三法案」が６月に強行成立した。三法案の一つである学校教育法改訂において、「学校評価」制度が法定され、文部科学省からは毎年のように［学校評価ガイドライン］が出され、内部評価・外部評価に第三者評価などが押し付けられている。

もちろん、学校がその年度の自分たちの教育活動を総括・反省し、それを翌年度以降の計画・活動に生かすことは、重要である。そういう学校評価は従来から各学校で自主的に行われていた。「学校評価制度」は、そのやり方を行政が押し付け、学校間評判競争を煽る方策になっている。自分たちが意欲を持って反省的に行う評価、そのために他者や外部からの評価を参考にす

ることは、大いに意味あることである。しかし、枠組みを行政側から決められたお仕着せ評価方式は、むしろ各学校の自主的な反省機会を奪い、学校と教師を外から圧迫する力となって、教育現場の担い手たちを萎縮させる。そういう有害・疎外的な方策のために、かなりの作業量を強いられる現場はまったく同情すべきである。

　①〜④に共通の特徴があるとすれば、それは学校とその担い手たちを「教育の悪玉（＝現実の教育をダメにしている組織・集団）」と描き、逆に本当は責任がある教育行政を「教育の善玉（＝公正なる改革者・評価者）」とするその構図である。そこでは「学校はそのままにしていてはロクなことはしないから、公正な改革者であり判断者であり評価者である教育行政が、その学校を叩き直して、皆さんに信頼される学校教育にします」とでもいうような行政側に好都合のメッセージが発信されている。それは、落ち着いて考えれば明らかに一つの「フィクション」なのだが、「教育の悪玉」らしさが一定の認識として広がっていると、この構図にもまるで説得力があるように感じられてくる。日本の学校教育政策をめぐる構図がこういう悪玉イメージを下敷きにするフィクションで本当にいいのか、が問われるだろう。

　筆者はむしろ、個々の学校の評価を制度化する以前に、たとえば中央教育官僚機構が行ってきたこの間の「教育改革・教育政策」が、本当に日本の教育をよくしたのかどうか？　むしろ学校教育を破壊してきたし、いまも破壊しているのではないか？　それをこそ、公正・中立な第三者的組織による厳密な評価に掛けて、批判的・反省的に検討すべきであると考える。そうでなければ、この種の「教育の善玉」イメージ（＝「教育行政無謬論」という一つの神話の形）をいつまでもはびこらせてしまうと考える。

(2)　教員制度改革の分野で

　学校に「教師」という存在が必要であるならば、学校制度体系には必ず「教員制度」というものが伴うだろう。その点で、2000年代は「教員制度」

が法制上も次々に改訂され、教師たちが「教育改革の標的」になった時代である。この間の教員制度改訂は数多いのだが、たとえばその代表的なもの4つ（⑤〜⑧）をあげて検討してみよう。

⑤不適格教員（指導力不足教員）の教職排除政策：「不適格教師」「指導の不適切教員」の認定・研修義務・教職身分の剥奪を可能とする法制度改革が行われ（2001年通常国会）、2004年度までには全自治体（47都道府県と20政令指定都市）で実施される体制になった。認定数の広がりは前章で15年間通算の数を示し、半分程度しか教職復帰していない、教職排除作用の強い制度であることを確認した。もちろん、認定者もそれによる退職者も、学校教員の全体数に比べれば少ないわけであるが、このような校長の上申で教育委員会が認定できる制度は、制度運用者側に「恣意性（身勝手な判断）を発揮できる空間」を広く開くので、上下関係における上側の権限を強化し、その下で評価・認定を受ける一般教員たちを萎縮させる作用が強いものである。そういうことでは、自主的で主体的でなければやれない教師という仕事（教師の仕事柄は本書第Ⅱ部第5・6章で再論）の遂行に大きな障害となるので、良識ある国際基準では「教員の地位安定」の重要性が特に強調され、日本政府当局に対しても国際機関からの「勧告」まで出されているのである[9]。校長や教育委員会の恣意で、教師を教職から排除できるこの制度は、教師の地位を著しく不安定にする不当なものである。

これと並行した「教職免許や教職経験のない人の校長への任用」の話題化・広がり、教職課程履修を経ない一般人への特別免許付与制度創設や、特別講師としての採用の広がりは、「教職免許を持たない者は、学校の教壇に立てない」という教職身分に対する〈外から内へのしきり〉を著しく弱めた。「不適格教員認定と教職排除可能性」は逆に〈内から外へのしきり〉を低くし穴あきのものにしている。いずれにしろ、かなり強力に守られていた戦後日本の教師身分の安定性は、こうした一連の改革で大きく揺さぶられ、そこに教育官僚機構側の恣意がいくらでも働き得る不安定なものにされてしまったのである。

第4章　教育改革・教育政策が進める「行政犯罪」　71

⑥教員人事考課の導入と広がり：⑤にも増して、まったくの愚策であり、いますぐにでもやめるべきなのは、教員人事考課である。2000年に東京都で「教員人事考課」の新たな制度が始まった。それには各方面から問題点指摘も多かったが、東京都ではそれらを押し切っての本格実施に進んだ。これは（1950年代末の時代における「勤務評定制度」が、反対運動の盛り上りもあってやや形骸化したのと違い）、実質的な影響力を教師の日常と教員キャリアとに作用してしまう教師評価の制度化として、一つの「突破口」となった。2002年の中教審答申で追認・推奨されて2000年代半ば過ぎには、公立学校教員の採用権を持つ都道府県・政令指定都市（2016年現在47 + 20 = 67）のほとんどで制度化され、人事考課結果を給与や昇進に反映させる形が広がっている。教員評価方式や評価項目などはそれぞれの自治体ごとに異なるわけだが、実は多くがよく似た方式になっている。

まず当人が「その年度の自己目標」を提出し、中間報告を経て、年度末に「目標をどれだけ達成したかの自己評価」を提出、それを踏まえて学校管理層が評価をし、最終的には区市町村の教育委員会で何段階かの相対評価を決定するという形である。「目標」「自己評価」は個人が自由に記述するのではなく、お仕着せ書式で記述する項目も決まっている。さらに学校長との面接が各段階であり、「目標が適切か」「自己評価が適切か」のチェックがなされる。そこで指導があれば、書類の書き直しになる。そして、相対評価結果は賃金や処遇・上進に反映される。この方式をどこでも「教師の力量向上策」や「学校活性化

表4－1 回答者構成（小・中別の男女、年代、職務）

		小学校 %	中学校 %	小・中計 %
性別	男性教師	31.5	57.1	40.0
	女性教師	68.5	42.9	60.0
年代	20歳代	14.4	24.2	17.6
	30歳代	24.2	21.0	24.1
	40歳代	17.6	25.8	20.3
	50歳以上	42.4	29.0	38.0
職務	主幹教諭	9.4	9.5	9.5
	教諭	82.7	88.9	84.7
	養護教諭	6.3	1.6	4.7
	他	1.6	0.0	1.1

注 小学校教師の回答には「年代」欄に「無回答」が3人あったので、そこだけ「％の合計」が100になっていない

図4—1　「人事考課制度は、どのような働きをしていると思いますか」
（東京都公立小中学校、回答者194人、2011年2月）

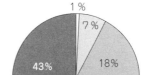
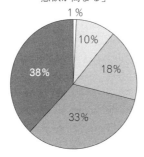
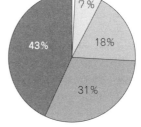
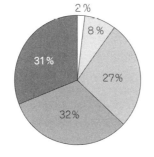
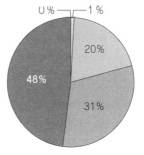
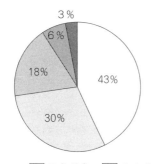

□ そう思う　□ ややそう思う　□ どちらとも言えない
■ あまりそうは思わない　■ そうは思わない

策」と称しているのである。

　表4―1と図4―1は筆者たちが2011年2月に東京都で実施した教師への質問紙調査（東京都の教職員名簿台帳から、無作為抽出で公立小・中学校教諭500人に郵便で送付・回収し、194人有効回答、回収率：38.8％）の結果である。表の回答者構成がおよそ東京都公立小・中学校の教員構成に近似しているので妥当なサンプルになっている。図4―1では、人事考課に関して「自分への影響」「制度への考え」を教師たちに「1、そう思う」から「5、そうは思わない」の5段階でたずねた質問のうちの主要な6項目の結果を示している。

　「業績評価制度によって教育への意欲が高まる」「この制度が自分の資質能力向上に役立っている」といった能力・意欲の向上を示す項目の肯定回答は10％前後とかなり少ない。「管理職とのコミュニケーションが増え、良好な人間関係が」や「学校での教師間のチームワークが」という学校組織の活性化も同様で、特に「チームワーク」質問には肯定側は1％、中間を挟んで否定側は79％と15項目中で最悪の回答状況になっている。人事考課制度はどこでもその目標を「教師の力量向上」・「学校の活性化」と称してきたが、少なくとも評価される当事者である教師たちの実感では、力量向上・学校活性化はまったく否定されている。

　「この制度によって多忙感が増す」はただ一つ、「そう思う」側が7割を越え、否定側が1割未満の項目である。人事考課実施でいくつもの書類を書くことが教育の役に立っているとは多数の教師が感じていないことの表れだと思う。「この制度は教育の質的向上をもたらし、子どもたちにとってプラスに働いていると思う」の項目は制度に対する総合評価というべきものだが、「そう思う」側8％、中間を挟んで否定側68％であり、教師にとってだけでなく「子どもたちにとってもまずい制度」というのが多くの教師たちの観察である。

　この制度を通じて評価をされる教師たちの実感では「力量向上」や「学校活性化」につながっているとはとても思えず、むしろ反対に作用していると

思われる。この調査以前にも東京では何度も教師調査が行われており、この人事考課で「意欲が増した」「力量が向上した」「学校が活性化した」という回答は 2000 年代の前半・後半でも 1 割かそれ未満であった。[10]

　少し考えればわかることだが、たとえば学校管理職や教育委員会による教員評価結果を給与や処遇につなげることは、それに納得しない教師が多いに違いないだろうし（上述した東京都で筆者らが行った 2011 年調査でも「自由記述」欄には、そのような校長・副校長［教頭］や教育委員会という評価者への不信が溢れている[11]）、何よりも職場の協働の雰囲気を壊してしまう。学校には教師たちが集団でとり組む活動が多いので、この人事考課制度では、学校全体としての教育力をむしろ下げるだろう。「学校が活性化しない」のは当然である。また 50 以上の自治体に広がっている教員評価の上方部分での「優秀教師（スーパー・ティーチャーとも呼ばれる）」の認定・表彰や特別処遇も、同様の否定的効果を及ぼすと考える。

　この目標管理型の成果主義人事考課は、その書類作成だけでも時間とエネルギーを取られ、それが「チェック→書き直し・再提出」となれば倍加する。またこうした「不信に基づく評価の眼」に囲まれていること自身が、教師たちには大変なストレスである。不信の眼で教師を監視・評価することに膨大な時間と労力を、評価する者もされる者も費やして本当に学校が改善しているのか？　教師の力量が向上しているのか？　そのことこそが評価され、政策変更がされるべきだろう。

　⑦教員免許更新制度の導入：長年の間、政策側の一部にはつねにくすぶりながら法案上程にまでは至らなかった「教員免許更新制」が、「10 年毎更新・研修制度」という形で 2006 年 7 月に中教審から答申された。そして、2006 年秋～ 2007 年の「安倍教育改革」において「教育三法案」の一つとして 2007 年 3 月国会上程され、国会内外とも議論も少ないまま、6 月に強行成立した。

　それは、教職免許制度と教職身分安定性という点では、学校教師すべての教員生涯に広がる、より根源的な「教員制度改革」になっている。ただ、

2009 年度からの本格実施によっても、いまのところ研修を実施する大学の側や、受ける教師の側の労力の大変さが指摘される程度で、この結果を使った「恣意的教職排除」の事例を特には聞かない。一部には「よい研修機会になっている」という声もある。しかし、研修機会を提供するのであれば、それにふさわしい権利としての機会取得が望ましい。「免許更新制」は、制度運用者側がことによると「恣意的排除」やその脅しとして、時期を見ていつでも使い得る、そういう怖れと心配が大きいものなので、教職身分の不安定化の一環となる害の大きな制度であることは疑いない。[12]

⑧教員集団内の職階制（官僚制）の強化：教頭という教師たちの筆頭という位置を「副校長」という名称に変え、授業を担当せず校長の学校管理を補佐する体制が 2008 年度から施行された。同じ 2008 年度から「主幹教諭」職も施行された。「校長・副校長および教頭を助け、命を受けて校務・園務の一部を整理し、並びに児童・生徒の教育または幼児の保育をつかさどる学校職員」と定義されている。「指導教諭」職も施行された。「現場破壊的行政犯罪」の先頭を走る東京都では「教諭」職の中に、さらに「主任教諭」まで設けている。教員層の中に、上下の「命令・服従関係」「指導・被指導関係」を何段階にもわたって持ち込むこうした改革は、教員組織を「専門職の仲間集団」から「官僚制的な上下集団」に変形するもので、教師たち一人ひとりの自主性と創意性の発揮が重要な学校教員集団にはまったくふさわしくない方向である。人事考課制度と並んで、今日の学校教師集団の雰囲気から自由闊達さを奪い、重苦しい相互不信がはびこる背景要因になっている。

前章でみたように、副校長（教頭）と主幹教諭とに、異例の「希望降任」が多いことも、こういう学校教員集団破壊作用が中間管理職的担い手の上に現れた苦悩を示しているだろう。

76　第Ⅰ部　日本の教師たちの今日的な受難

3　学校と教師を圧迫する諸改革の「学校像・教師像」

　以上に挙げてきた一連の教育改革・教員制度改革は、今日の学校教育を圧迫し破壊する「行政犯罪」と呼ぶにふさわしいものだと思う。しかし、学校と教師を支えるはずの（そのためにこそ、予算や人員や権限や情報を多く持つことを許されている）教育政策・教育行政が、なぜ圧迫的・破壊的に作用するものになってしまうのか。ここではそれを「犯罪的な○○○主義という、教育をダメにしようとする悪意が支配している」という立場で批判するのではない。むしろ世の中の学校教育批判・教師批判に応えて「日本の教育を何とかしよう」という意図は持っているが、問題・課題とその解決方向を把握するための「ことがらの認識」に関して、重大な弱点をはらんでいるために、意図がまったく逆に働くのではないか、という立場でそうなる要因と背景を検討したい。

(1)　学校・教師への国民的「不信・非難」への安易な寄りかかり

　この間にこれほども急速に「教育改革」とりわけ「教員制度改革」が進行したのは、政策側が「教師を改革のターゲットにした」という事情だけでなく、1970年代以降30余年の学校・教師に対する「不信・不満」が親・国民の中に蓄積されていたことが底流としてあっただろう。その上に90年代・2000年代にもくり返し報道される教師の不祥事、子ども・学校事件での学校関係者の不適切な対応などがそこに重なってくる。この「不信・不満」の底流と、その表面化としての「教師バッシング」動向は、1990年代半ば以降の「教育改革」本格展開において、政策側にとって大きな「追い風」になったと考えられる。

第4章　教育改革・教育政策が進める「行政犯罪」　*77*

そうすると「改革」と称しさえすれば、どんなものでも「現状のひどさ」に応えるものだろうというイメージが生まれる。たとえば、「指導力不足教員」の排除は、父母・国民の教師に対する不信感に共振することで一定の支持を受けたと思われる。また公立中学校での「高校入試・内申書」の点数・表記がベールの向こうで見えない不明朗さ、またいじめ・体罰問題での隠蔽体質などに対する「学校・教師の閉鎖性」という親たちの体験やイメージの蓄積は、逆に「民間人校長」の話題化や一般人特別講師採用の広がりにおいて、「学校を風通しよくする改革」という意味を担って、それを歓迎する雰囲気につながったであろう。

　しかしこうした動向には、政策もマスコミ報道も含めて重大な落とし穴があったと思う。それは「学校・教師への不信・不満」の国民的蓄積に寄りかかると、それが一つの反面像となって、政策づくりと教育界内外における議論を非常に安易なものにするという点である。そこでくり返し語られ唱えられる「信頼される学校づくり」「地域に開かれた学校」「教師の資質・能力の向上」や「教師の専門的力量向上」といった言葉が、先の反面像に対極性を持ったものとして、いじめ問題や学校・教師の不祥事など、その時々の話題対応的に、総花的に「どんなことにもそれなりに対処して、いつでも適切な能力を発揮する学校・教師」（「不祥事を起こす」とか「まずい」対応しかできない「ひどい」姿でない、教育機関らしい学校とか、人間としての資質を持った教師）という形でイメージ化してしまう傾向として見られる。たとえば、2000年代に入って本格化した「学校評価制度」論議、「教員制度改革」政策論議を、中教審の初等中等教育分科会の当該部会とそのワーキンググループの議論で見ても、第一次安倍政権下の「教育再生会議」で見ても、そういう「イメージ化」した組織体質・資質・能力というのは、反論が難しい形でだれにも「その通りだ」と思わせながら、「学校という組織の持つ教育力とは何か」、「教師の資質・能力とは何か」については意外に薄っぺらな認識・議論に流れてしまうものである。つまり、「悪玉化」を通じて形成された「イメージ」が学校と教師が行っている仕事の現実と複雑さとを直視して認識す

るのを、むしろ妨げるようなベールとなって、認識が深められないまま「も
っともらしいことさえ並べておけばそれで十分、世論に応えている」という
ような安易な姿勢へと流される傾向がそこにつくられてしまうのである。

(2) 「行政無謬」の神話への寄りかかり

　いつまでに収束するのかわからない原発過酷事故による放射能災害には、
この国の持つ弱点とその克服への課題を考えさせられる。まず「安全神話は
怖い」ということがある。それは国民に「日本の原発は安全だ」という意識
を植え付けただけでなく、政官産学の原発利権に群がる人々が「原発の安全
を確保することより、〈原発安全神話〉を振りまくことに力を注ぎ、自ら作
った神話の上に安座する風土」もつくった。この体制は「起こっている現実
を直視しない」「異なる立場からの危険性指摘には耳を傾けず、むしろ圧殺
する」という傲慢で無責任な体質となって、〈人災〉としての原発・放射能
災害を巨大な規模で生じさせた。

　これと同じ体質が、日本の教育政策・行政を覆っているのではないかと心
から心配する。たとえば前章で見た「教師の精神疾患休職」の急増状況から、
文科省も近年は「教育職員のメンタルヘルス保持」について複数回の通知を
出している。ただしその通知内容は、メンタルな不調者が生じた際の対処と
「学校での仕事の合理化」などが中心である。「対処」も「仕事の合理化」も、
確かに必要である。しかしもっと大事なこと、その前にやるべきことがある
と考える。

　それは、「文科省が進めている教育改革・教育政策がまずいのではないか」、
「それらが学校と教師に過剰な負担を課し、教師たちの精神性疾患比率とそ
の上昇の元凶ではないか」ということが、現場からも各方面からもくり返し
いわれているのであるから、そのことを少しは顧慮してまともに認識し反省
するということである。「教員人事考課」は現状では、見極め切れないため
把握も評価も難しい「教師の力量」を、行政が「項目立てして評価表を作

第4章　教育改革・教育政策が進める「行政犯罪」　79

り」「管理職や行政官僚が評価し」それで向上させることができるかのような傲慢さとフィクションの上に立っている。

そこには「自分たちは公正で無謬の改革者・判定者だ」という根拠のない〈神話〉が存在している。たとえば「行政が、不信の眼で教師を監視し、恣意的な評価項目立てで教師の専門的力量を向上させよう」というこの間の教育改革・政策は、片方では「教師たちは自由を与えると果てしなく堕落するどうしようもない連中」という教師像を持っている。もう一方では、「その連中を叩き直して親・国民に信頼される教師に私たちが変えます」という行政像を持っている。このような「行政無謬神話」に自らとらわれると、各方面からの切実な声や批判に耳を傾けず、むしろそれらを圧殺して改革を押し付けることができれば「それが改革の成功である」という、冷静に考えれば倒錯していることがすぐにわかるような教育行政体質に陥ってしまうのである。そしてじっさい、日本の教育行政・政策の大半は、毎年の『教育科学白書』を通読すれば直ちにわかるように、上述の「行政無謬」神話と「押し付ければ成功」風土との中にある。それは教育領域を担当する省としての文部科学省の「成功」ではなく、「失敗」であり「敗北」である[16]。

(3) 教師の教える仕事の難しさと性格への無理解

教師の教えるという仕事には、独自の難しさと性格がある。それを理解し尊重しなければ、学校と教師と教育実践を土台から支える教育行政にはなれない。その点での「無理解」に、この間の教育改革・教育政策の最大の弱点があると考える。この点については、教師の仕事柄に即し、また日本の学校教育の歴史に即して、次の本書第Ⅱ部全体を通して筆者がもっとも強調したいことがらである。

教育が、人間への信頼と希望を育み共にする仕事であるならば、学校・教師がその使命にとり組めるように支える条件づくり、仕組みや文化が社会に必要である。この間の教育改革・教育政策が、それとまったく逆の方向へと

突き進んだために、学校教育と教師の仕事を破壊する「行政犯罪」になっているとは何と悲しいことだろうか。

注
(1) 野田正彰「壊れゆく学校と奪われる教師の良心」(『教育』2011年1月号、特集I：人間としての誇りを手放さない！) 所収。

(2) この点でも「押し付け行政」の先端を行く東京については、たとえば渡部謙一『東京の「教育改革」は何をもたらしたか』(高文研、2011年) の第III章「命令と強制の『日の丸・君が代』問題」、また『教育』2014年3月号・特集2「卒業式と日の丸・君が代」などを参照。

(3) じっさい筆者らの教師国際比較調査の教師による「自由記入」欄に記入された内容では、日本の教師たちの「この間の教育改革への反対」が強く(賛成意見5件、反対意見270件)、とりわけ「教師・現場の意見を聞いてない」「子どもの実態を知らない人たちによる改革」「揺れが大きく現場を混乱させるばかり」といった意見が多く見られた。久冨善之編著『教師の専門性とアイデンティティ』(勁草書房、2008年) p.303の表を参照。

(4) 筆者は、教育の目標・内容に関する「国家統制と競争強化の補完・共犯関係」について、久冨『現代教育の社会過程分析』(労働旬報社、1985年)の第1章において、「競争価値の支配と教育的価値への本質的無関心」として分析した。90年代以降も、久冨『競争の教育』(労働旬報社、1993年) をはじめとして戦後日本の1960年代以降の「競争の教育」の成立・確立をめぐって、それがいかに「教育の目標・内容の国家統制」と相互に強め合う共犯関係にあったかを、「競争の教育」の姿としてその時々に論じてきた。

(5) 『教育』2014年10月号・特集1「『学力テスト体制』黒書」も参照。

(6) 野田正彰『させられる教育』(岩波書店、2002年)、また同『背後にある思考』(みすず書房、2003年) を参照。2つの書物で野田は「どうしてこれほど愚かな命令が出されるのか」と嘆いて、人間業で不可能な観点別評価を批判すると同時に、2002年度から実施予定（当時）の「相対評価か

ら目標に準拠した評価（いわゆる絶対評価）への転換」に関しても、やはり観点別に評価規準を細かく規定して押し付けていることに対して「書類が積まれて教育は病む、そんな今日の流行を変えねばならない」と鋭く批判している。なお、最近の同趣旨のものとして、筆者がネットでアクセスして「ベリダ通信」に、2016 年 11 月 11 日に野田正彰氏は「学校・子どもの危機と教育基本法の改悪」という講演を、兵庫県で開かれた集会で行っている。その講演記録を同通信で読むと、その半ば過ぎの「272 項目に及ぶ成績評価表」という小見出しで、京都市で行われている「成績評価表」の記入が多岐にわたり、1 年間に「一人の人間が 272 項目にわたって評価されているんですね。（中略）評価する先生の側に立ったら 272×40 人ですよ。（中略）こんなこと出来るのでしょうか」と、人間業では不可能なことを強いている行政の愚かさを、ここでも鋭く批判している。

(7) 『教育』2011 年 12 月号、「特集：いつまで続けるのか？『観点別評価』」などを参照。

(8) このような学校評価本来の自主性については『教育』2010 年 10 月号、「特集Ⅱ：調査でとらえる地域社会と学校」における菊地愛美「戦後日本における学校評価・地域調査」を参照。今日の学校評価の実態については、同特集の久冨稿「行政が学校・教師に負わす仕事は最小限に」を参照。

(9) 堀尾輝久・浦野東洋一編『日本の教員評価に対する ILO・ユネスコ勧告』（つなん出版、2005 年）などを参照。

(10) たとえば先行した東京都の人事考課についての諸調査結果の検討は、眞原里実「評価社会と教師―教師の実態調査」（『教育』2005 年 10 月号、特集 評価社会における教育）所収を参照。

(11) 久冨善之「人事考課制度にたいする東京の小中学校教師の声」（『教育』2012 年 4 月号、特集 2：もうやめよう教員人事評価）に載せた小・中別の教師たちの自由記入欄での「声」とその特徴記述（pp.104-107）を参照。

(12) 久冨「いま何をこそ改革すべきか」（田中孝彦・藤田和也・教育科学研究会編『現実と向きあう教育学』大月書店、2010 年）で筆者は、「いますぐやめるべきこと」3 項目に（前節の）「全国一斉学力テスト」、本節の「成果主義の教員評価と教員免許更新制」（もう一つは「合理化のための学校

統廃合」）を挙げていた。2009年に政権交代で成立した民主党（当時）中心政権は、教員免許更新制の廃止を政権公約に掲げていたので、これはそうなるかもしれないとの淡い期待を持ったが、その公約は裏切られ実施されないまま、自公連立に政権交代してしまった。なお、そもそもなぜこのような「評価」というものが現代教育社会で流行するのかについては、久冨「評価はなぜ特権化するのか」（『教育』2005年10月号、特集：評価社会における教育）において、「評価」という行為そのものの性格に即して、その克服方向を含めて論じたので、参照いただければ幸いである。

⒀ 国民に蓄積した学校・教師不信については、本書第Ⅱ部第8章でデータを挙げて詳述する。ここでは内閣府による保護者調査（2005年）で、どの学年段階も「信頼」が10％、「不信」がその約4倍という結果を、その一つのデータ所在として示しておきたい。その調査結果は「規制改革・民間開放推進会議」のホームページの、2005年の保護者への調査結果の箇所に載っている。http://www8.cao.go.jp/kisei-kaikaku/old/publication/index.html

⒁ この「教師の専門的力量向上」の議論と政策目標化は日本だけのことではない。国際的にも「Professional Development of Teachers」という英語で課題目標になり、国際シンポジウムや雑誌特集で紹介される各国の教育政策の一つの機軸になっている。

⒂ たとえば平成22年1月20日付け初等中等教育企画課長通知「平成20年度　教育職員に係る懲戒処分等の状況、服務規律の確保及び教育職員のメンタルヘルスの保持等について」を参照。

⒃ 文部科学省は、近頃「学校現場における業務改善のためのガイドライン〜子供と向き合う時間の確保を目指して〜」という文書を2015年7月27日に公表している。そこでは、それまでよりは「教師の過重業務」の実態を少しは認めて、いくつか「改善策」さえ提唱しているが、その「過重」自身の元凶が、文科省が進めてきた改革・政策であることへの視点・検証・反省は一切ないのである。

第4章　教育改革・教育政策が進める「行政犯罪」　83

第Ⅱ部　　教師という仕事柄の
　　　　　　歴史的・文化的再考

第5章　学校教師という存在の歴史的・社会的な特徴

1　近代学校制度に雇用されて、教える存在として

　「教師」という存在が、もし「人に何かを教える人」の意味であれば、700万年ともいわれる人類史とともに古いだろう。ただそれが「教師という職業」となると、そこには一定の制度化が伴うので、教えるための特別の社会機関＝「学校」とともに古いといっていいだろう。ただ学校もまた古い。古代エジプトには神官養成の学校があったといわれ、古代ギリシャにも知識人たちが集い、教え学ぶ場があったといわれている。⁽¹⁾

　古代ギリシャにはソクラテスという有名な哲学者であり教師がいた。大学とそれに連なる中等教育学校が広く成立した中世ヨーロッパには、たとえばパリ大学にピエール・アベラールという、12世紀前半に活躍した有名な学者、エロイーズとの悲恋でも有名な教師がいる。この人を慕って当時ヨーロッパ中からたくさんの学生たちが集まってきたといわれている。だとすると、教師はさまざまの地域のそれぞれの時代にいたともいえる。ただしそれは、社会の支配層とそれに連なる一部知識人、及びその後継者たちが通う学校であり、そこでの教師だった。

　しかし本書でテーマにする「教師」は、そういう教師ではない。人類史の19世紀に、近代国家の成立とともに誕生した「近代学校」の教師が本書の主題である。近代学校は、市民革命と産業革命を経て成立した近代国民国家

86　第Ⅱ部　教師という仕事柄の歴史的・文化的再考

において、その国家の担い手であり働き手である人々を育てる制度として登場した。それは、その社会に生まれた子どもたち皆が通うのが原則という意味での「皆学制」という形をとった。今日私たちが「教師」とイメージする人々は、この「皆学制近代学校」に「子どもたちを教える人＝教師」として大量に雇用された者たちである。その意味では「近代学校教師」と呼ぶのが正確だろう。

(1)　19世紀に成立した近代国民教育制度において、近代学校に教育者として雇用された者

(2)　その社会に生まれた子どもたち皆が通う学校という場で、もっぱら子どもたちを教える仕事に従事する人々

この2点で定義されるのが、本章の（それと同時に本書の）テーマになる「学校教師」である。

2　学校教師は職業層として人数が多い

この近代的職業の一つである学校教師という存在には、いくつかの特徴があるわけだが、その第一は「数が多い」ということである。社会が「多産多子（多死）」から「少産少子（少死）」へと移行しても、全体とすればやはり子どもの数は多い。私たちが経験する一つひとつの学校では、生徒の数に比べて教師数はずっと少ないのだが、社会全体では子ども数が多いので、その何人・何十人かに一人という割合で、教える人間としての教師を雇用するとなると、社会全体の教師数は、近代社会ではどこでも必然的に多くなる。

図5—1は、日本における近代学校成立以来の教師数を、戦前・戦中までは5年ごと、戦後の6・3・3制成立以降は2年ごとに示している。この図を読み取る前提に、まず誰を「教師」とするかを明確にする必要がある。

第5章　学校教師という存在の歴史的・社会的な特徴　87

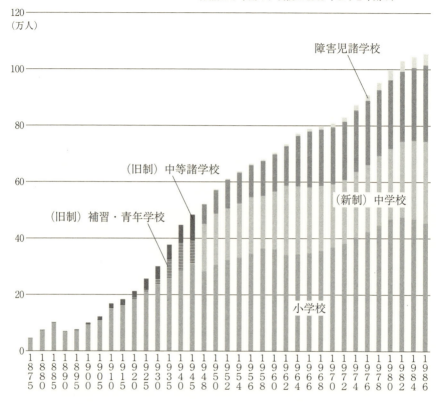

図5—1　戦前・戦後の日本初等・中等学校教員数・本務者
（戦前は5年刻み、戦後は1948年より2年刻み）

(ア)　日本の学校教育法で「正規の学校」とされるものは、同法第1条に規定され「1条校」と呼ばれている。しかしその中には、我々があまり「学校教師」とイメージしない、幼稚園や、また短大・大学・大学院も含まれている。幼児教育と高等教育は外したい。

(イ)　「1条校」でない専修学校・専門学校や塾・予備校にも教師がいるが、それらは必ずしも「正規の学校」ではないので、それも外したい。

(ウ)　すると結局、今日では「小学校、中学校、高等学校、中等教育学校、特別支援教育学校」という、初等・中等教育に関わる学校を対象として、そ

88　第Ⅱ部　　教師という仕事柄の歴史的・文化的再考

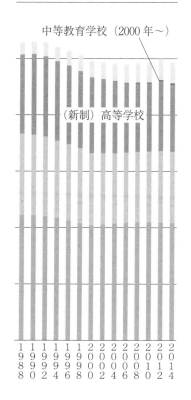

こに専任教員として雇われている人の数（国立・公立・私立を含む）を「専任教員数」として勘定することになる。

(エ) 戦前・戦中には、初等教育と中等教育の中間に「補習教育・青年学校」が存在したのでこれも含む。障害児諸学校は、戦前の盲学校・聾学校に始まり、戦後の養護学校義務化（1979年）で急増し、今日は特別支援学校と総称され、初等・中等教育段階の一環を成している。

(オ) 定時制の中等学校はもちろん含むが、通信制の学校について、生徒が入学・登録してもどれだけ学校に在学するかが不安定なので、進学数や在学者数には含まない数値を利用することが多い。しかし通信制学校の教師は、間違いなく教師という仕事をしているので、通信制高校教師数は、高校教師数に含んでここでは勘定している。

以上の前提で、あらためて図5—1から何が読み取れるか、考えよう。

(1) 学校教師の増加傾向

①近代学校制度の成立当初からすでに教員数は多い：日本の近代学校制度は形式的には、明治5（1872）年の「学制」に始まるとされる。しかし当初は設備もままならず就学率も低かった。日本的近代学校制度が確立したとされるのは、就学率が8割（男子9割、女子7割）に達し、市町村の小学校設置義務と義務教育授業料不徴収（＝無料）が規定され、進級・卒業試験の廃

止によって学業成績不良落第がなくなった明治 33（1900）年の小学校令改正
の頃だとされている。その時点の教師数は、尋常（＋高等）小学校が大部分
で、総数はすでに 10 万人を超えるまでになっている。

　「学制」直後からすでに 2 万人はいて、教員養成の学校も次項(2)で見るよ
うに近代学校に並んで整備されている。学校教育が成り立つために何が必須
かといえば、校舎や教科書以前に、子どもを教える教師こそがまず必要なの
である。だから近代学校成立当初よりその数が多く、特に初等教育教師数が
多いことになる。教員養成体制が整わない初めの時期は、武士と僧侶という
封建社会の知識階層が「教師」へと転身した例が多かったといわれるが、明
治 19（1886）年の師範学校令で日本の教員養成体制が整うと、次第に農民出
身で師範学校卒業の教師数が増え、明治末年には教師層の中心を占めるよう
になったといわれている。[2]

　②終戦までに約 50 万人の教師数に：20 世紀に入って以降の明治・大正
と昭和戦前期を見ると、教師数はどのカテゴリーも増加を続けている。これ
には、近代化とともに日本の人口が増えて子ども数も増えたこと、明治 40
（1907）年の小学校令改正で義務教育が 4 年から 6 年間に延長されたこと、
大正時代に入ってからは、追加初等教育としての高等小学校への進学や、勤
労青年に対する補習教育・青年教育が広がったこと、旧制中学校・高等女学
校や専門学校というその時期の中等教育への進学者が着実に増加したことな
どがあって、教員数が一貫して増加したのである。

　1941 年には、小学校は「国民学校：尋常科・高等科」と名称を変更した
が、1945 年 4 月で見ると、教師数全体はすでに 50 万人近く、そのうち国民
学校が約 30 万人で、それ以外の教師数が 4 割に及ぶまでになっている。結
局 1890 年以降、日本の近代化過程においても、1931 年の「満州事変」に始
まり太平洋戦争の敗戦に至る「15 年戦争」の時期にも、教師数は拡大を続
けていたことがわかるのである。

　③戦後は 50 万人から 100 万人を超える教師数に：1947 年の戦後教育改
革を実質化する学校教育法は、6・3・3制を一挙に施行した。そこで、小

90　第Ⅱ部　教師という仕事柄の歴史的・文化的再考

学校6年間に続く前期中等教育3年間が「[新制]中学校」として義務教育になった。図5―1で見ると、1948年の小学校と中学校を合わせた義務教育教員数は40万人を超えている。その後も1990年頃まで、初等・中等学校教員数の全体は増加を続けて、ついに100万人を超えるまでになっている。

増加の要因はいくつかあるが、一つは戦後第一次ベビーブームの子どもたちが学校に通う時期にそれぞれの段階が増えたこと（特に60年前後以降は、農村からの都市部への人口移動で、都市部の教師増が著しい）、二つは高等学校への進学率が当初の50％前後から70年代には90％を超えて上昇し高校増設と定員増が続いたこと、三つは学校教育法成立時に1学級定員の法律上の上限「50人」が達成できず「すし詰め教室」が続いた。その間に「公立義務教育学校の学級編制及び教職員定数の標準に関する法律（以下「定数標準法」）」によって「第一次学級定員改善計画」が進められ、ようやく50人学級を達成した後の1964年に「第二次学級定員改善計画」で「45人学級」が目標として規定され、それが10年余で達成された後の1981年には「40人学級」が新たな目標として規定され10年がかりで実現したこと（学級定員数の上限が下がれば、必要な教員数が増える）、などであった。図5―1では表示されていないが、1991年に最大人数の106万7000人にまで教師数は増加している。

④教員数の頭打ちと100万人弱での推移：図5―1を見ると1990〜92年の最大時から徐々に減少し、2000年代には100万人を割って、このところ100万人弱のレベルで推移している。その理由の一つは、第二次ベビーブーム以降は、ずっと少子化が進み児童・生徒数の減少が教師数も減少させたことである。だが少子化だけで教員数が頭打ちになったのではない。「40人学級」が全国的に実現した1991年に「定数標準法」の趣旨からすれば当然「35人学級」に、そして続けて「30人学級」へと進むべきところ、バブル経済の崩壊と長期不況に直面した政府の政策は、25年間も「学級定員改善」をサボタージュしている、そのことが理由としては大きいのである。このサボタージュがなければ、先進諸国の今日の標準である「25人以下学級」が

第5章　学校教師という存在の歴史的・社会的な特徴　91

日本で実現していることも夢ではなかったわけであるが、現実はいまも小学校低学年だけの「35人学級」と、規制緩和による各都道府県による独自学級人数編成とに任せる形で、相変わらず基本的な「40人学級制」を維持し、政策誘導的な「習熟度別の少人数指導」の教員加配などの部分的施策にとどまっていることなどが、この20年間の教員数頭打ちの要因となっている。

　ただし、この間障害児諸学校（特別支援学校）の教員数だけが一貫して増加しており、特別支援教育の整備とともに、要支援児童・生徒数の増加がそこに見られている。

(2)　学校教員の数の多さが及ぼす制度的・社会的影響

　教師の人数が社会全体で多いことが何をもたらしているだろうか。

　①教員の継続的養成の必要：それだけたくさんの教員が必要なので、その数を確保するためにも、また、年齢や事情で退職・離職する数を補うためにも、学校教員を継続的に養成しなくてはならない。じっさい明治5（1872）年の「学制」が発布されるよりも数か月前に、師範学校という教員養成学校が同じ年に作られている。

　日本の師範学校の体制が整ったのは、先には触れなかったが、満6歳から4年間義務修学の小学校令改正が行われた明治19（1886）年と同じ年（この時は森有礼が文部大臣だった）に発せられた師範学校令である。これで「各県に一校ずつ師範学校を作る」、「全寮制」、かつ「給費制（学費は取らない、生活費を支給する）」、つまり「食費も医療費も、それから学用品費も、その他日用品費も支給する」という学校が日本の各地にできた。そして、卒業すれば10年間は教員として務める服務義務があるという体制を敷いた。明治30（1897）年には給費制の生徒だけではなくて、私費で入学するという生徒も受け容れるようになり、また1県1校ではなくて、教員の必要人数が多いところは、県に複数の師範学校を作ることも認められたので、師範学校の数も増えていった。

当時（明治末年）の日本の学校体系において師範学校がどこに位置づくか
というと、高等小学校の上になる。6年間の尋常小学校の上に2年間の高等
小学校（3年間の場合もあるが、基本は2年間）があり、そこから師範学校の
予備科に1年行って師範学校に入る。師範学校の予備科は高等小学校2年卒
業にこの師範学校をつなぐ形だが、のちに本科に組み込まれて師範学校は基
本的に5年間になった。それより前に明治30（1897）年に「師範学校・二
部」という別ルートがつくられた。これは旧制の中学校や高等女学校を通し
て師範学校に行く人の道で、二部は当初は1年間、のちに2年間、教師にな
るための補習教育を受けることによって、正規の教員免許が取れるという仕
組みである。このことによって、師範学校に「一部」と「二部」とが生まれ、
中等学校体系の中での師範学校の地位は、教員養成面だけ見ると高まったと
もいえるのである。[3]

　正系（main stream）の中等教育である中学校や高等女学校へ行く授業料
等の学費を出せない層が、上の学校に進む道、それが高等小学校に行ってか
ら給費制の師範学校に行くというルートであった。それは、日本のこの時期
において、貧しい家の子どもや農村の子どもたちがもっと教育を受け勉強し
ようというときのための重要なルートになり、そういう人たちが教員養成課
程の主要部分を担い、教師になっていたということになる。

　日本は「師範学校」という教員養成体制を19世紀末までに整えた国であ
る。OECDの"Teachers Matter"という報告[4]が2005年に出ている。そこに
は二十数か国の小学校・前期中等学校の教員の男女比率が出ている。図5―
2と図5―3で見るように小学校・中学校レベルともに、女性教員の比率に
おいて、日本が一番低い（2つの図の右端に「日本」とある）という結果にな
っている。

　日本は早い時期に教員養成課程を師範学校というかたちで確立することに
より、比較的多く男性を教員職に惹き付け、その伝統が今日の教員男女比率
にまで引き継がれているのである。表5―1で、新しい2015年のデータで
みても、小学校教員の女性比率は62.3%、中学校教員の女性教師比率は42.8

第5章　学校教師という存在の歴史的・社会的な特徴　93

％で、2つの図の2002年国際比較データとあまり変わらず、他の先進諸国に比べて相当低いという状態が続いている。師範学校については、その教員養成の目標・内容やそれが生み出した結果についていろんな批判もあるが[5]、教員養成体制を比較的早いうちに確立した制度としての歴史的な役割は大きかったといえるだろう。その点ではそういう体制が整わず、処遇も低く、社会的な尊敬度も低かった欧米の諸国では「教師の女性化」という傾向が進んでいて、小学校教員は9割以上が女性で、それが当たり前という状況になっている[6]。

②人数の多さが処遇の低さを誘発：社会制度として公認された専門的免許・資格を必要とする専門職は多いが、その中では学校教員は、どの国でも看護師と並んで人数が多い。たとえば、専門職の典型とされる医師や弁護

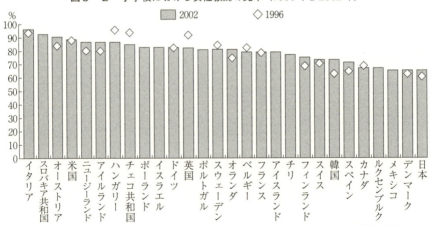

図5－2　小学校における女性教師の比率（1996年と2002年）

注1　2002年のデータは公立・私立学校とも含んでいるが、1996年のデータは公立学校だけになっている
注2　ルクセンブルク（Luxembourg）とスイス（Switzland）のデータは、公立学校だけである。ただし2002年のデータが得られない国、スイスは1999年のものを、カナダ（Canada）とポーランド（Poland）は2001年のものを使っている
注3　デンマーク（Denmark）とアイスランド（Iceland）のデータは（小学校だけでなく）、前期中等学校（日本でいえば中学校）も含んだものである

《出典》OECD "Teachers Matter", 2005, p.57

士・裁判官・検事の数はずっと少ない。

　教師の数が社会的に多いことは、それを雇用する近代学校制度の設立者の

図5－3　中学校における女性教師の比率（1996年と2002年）

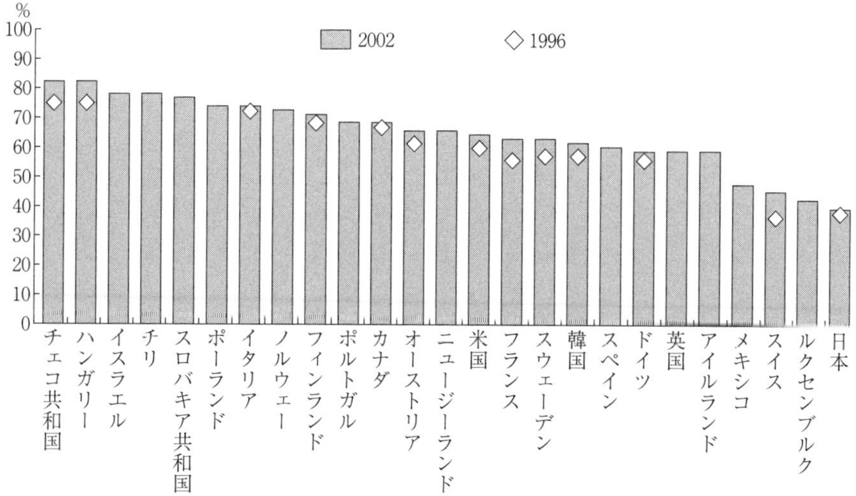

注1　前図・注1に同じ
注2　前図・注2に同じ
注3　ノルウェー（Norway）のデータは小学校も含んだものである
《出典》図5－2に同じ

表5－1　日本の初等・中等学校の学校数・在学者数・本務教員数 （2015.5.1.）

	学校数	在籍者数	本務教員数	（女性教員比率）
小学校	20,601	6,543,104	417,152	62.3%
中学校	10,601	3,465,215	253,704	42.8%
高等学校	4,939	3,319,194	234,970	31.3%
中等教育学校	52	32,317	2,509	34.0%
特別支援学校	1,114	137,894	80,905	60.9%
初等・中等教育計	37,307	13,497,724	989,240	49.8%

《出典》『学校基本調査』（2015年5月1日調べ）より

側で、教師たちに第一級の賃金を払うほど高い処遇を与えることができない、その結果として事実上、第二級の知識層的位置を給与的には押し付けることになるという面がある。学校教育を産業としてみると、圧倒的に人件費産業である。したがってある社会が全部の子どもを集める学校体制を作っていこうとしたときに、それに必要な教師の人数が多いということは、教師たちの給料をそんなに高くすることができない、という一つの制約として教師層の社会的存在と地位を規定している。

　特に戦前期は低賃金で、公立学校教師は市町村雇いだったが、その市町村の財政が逼迫すると、給与を払わない、あるいは延べ払いということもよく起こった。「払った分の何割は戻してくれ、寄付してくれ」というような慣行さえ、たとえば全国の市町村の３分の１ぐらいで「昭和恐慌（1931年――引用者）のときにはそういうことが行われた」といわれている。[7]

　第一次大戦時の日本の好景気時期には、高等小学校を卒業しただけの少年工とか女工よりも、教師の給与が低いという状態があり、「それではあまりにひどい」ということで、その頃の「臨時教育会議」で議論され、1920年には給与改定が行われた。またその後、市町村の義務教育費を国庫負担する仕組みが生まれ、それは戦後の義務教育費国庫負担法に引き継がれて、公立学校教員の給与を国が半額負担する制度が確立したのは戦後になってからである。戦後改革を通した日本の教師身分は、この義務教育費国庫負担法と教育公務員特例法とで、戦前よりは格段に安定した。ただし90年代以降の「教員制度改革」でその不安定化が進んでいることは、先の第Ⅰ部第４章で見た通りである（いまは、公立学校教員給与の国庫負担率も３分の１に引き下げられてしまった）。

　③地域社会での学閥的一大勢力の形成：日本の場合、教師の人数の多さが地域社会ではまた別の働きをしている。教員の数の多さは職業層としてあるいは同じ師範学校出身者の学閥として、教員社会が、その地域社会でかなり大きな勢力を持つ結果となった。

　じっさい、各地域社会レベルを見ると、中等学校の卒業者でその地域に残

っている人がそれほど多くないので、師範学校卒業者が教師層になって存在することは、地域社会にかなり強力な師範閥を各分野で形成した。また教師たちは日常的に「教え子」を持ち、また次々に社会に送り出すという意味でも、広いネットワークやコネクションを有する。そういう意味で、教員社会自身が、また教員から政界・官界・産業界に進出した人を含む各師範閥は、地域社会の一大勢力という存在であった。

3 学校知識の教授と、集団規律の指導

　教師たちは、近代学校に雇用された存在なので、その仕事は学校制度によって規制され要請されている。それは端的にいって2点、つまり「学校知識（学校で子どもたちが学ぶべきとされる知識）を身につけさせること」と「学校の集団秩序を、子どもの規律として内面化させる」という2点の課題である。

　このことが、近代社会と近代学校にとってなぜ重要かといえば、一つは学校知識が、この社会で、一人の国民、働き手になるのに必要な共通知識と想定されているからである。この共通知識を欠いては、近代社会の分業・協業の担い手になれないと考えられる。二つには、学校で時間規律・集団規律を身につけることによって、近代産業社会が要請する働き手として必要な労働規律を身につけられると考えられるからである。

　ただし、この社会に生まれた子どもが、希望しなくとも集められる皆学制学校で、この2点の課題を達成すること、その達成がなされるように指導することは本来容易なことではない。「教師の教える仕事の難しさ」という問題がそこに横たわっている。その点を、次章で考えたい。

第5章　学校教師という存在の歴史的・社会的な特徴　97

注

(1) 梅根悟『世界教育史』（新評論、1967年）を参照。

(2) 石戸谷哲夫『日本教員史研究』（講談社、1967年）第四篇を参照。

(3) ただし、明治27（1984）年の改正で、中学校や高等女学校から直接に高等師範学校に進学するルートが認められている。明治時代中期・後期の制度改革は、教員養成・教員免許獲得の点では、師範学校の地位を高めた面がある。しかし、学校教育体系の「メインストリーム」としての高等教育への道では、相変わらず中学校・高等女学校のほうだけに旧制高等学校・旧制大学への道が開かれていただけでなく、（師範学校から進学できる）高等師範学校までが、中学校・高等女学校のほうが、年限的には近道に（真っすぐ行ける道に）なっていたという面では、師範学校の地位は向上したとはいえない。

(4) OECD "Teachers Matter: attracting, developing and retaining effective teachers" 2005.

(5) 唐沢富太郎『教師の歴史』（創文社、1955年）には「師範タイプ」という戦前に典型的な教師タイプが「着実・真面目・親切などがその長所として評価される反面、内向性・表裏のあること、すなわち偽善的であり、仮面をかぶった聖人的な性格をもっていること、またそれと関連して卑屈であり、融通性のきかないこと」（同書 p.55）という、やや批判的説明を伴って紹介されている。

(6) 教職の女性化の持つ意味については、M・アップルが、社会的処遇と威信の低い職業分野のほうで、その「女性化」が進むという興味深い議論を、教職についても歴史的データを挙げて展開している。Apple, M. W., Gendered Teaching, Gendered Labor, in T. S. Popkewitz (Ed.) *Critical Studies Teacher Education*, London & New York: Falmer Press, 1987.

(7) 唐沢富太郎『教師の歴史』（創文社、1955）、pp.155-160を参照。

第6章　教師の教える仕事の意外なほどの難しさ

　一般に人は、「他者に何かを教える」という経験をすることがよくある。「誰かに尋ねられて」とか、「他者が何かに困っているのにたまたま出会って」とかの際に、何かその人に意味あること・役立つことを教えるケースである。その場合は、教える内容さえ適切であれば、伝わり易いし、感謝もされるだろう。そういう経験は誰でもするので、「教える」ことを何か簡単なことだと思い易い。

　したがって筆者にはここで、学校で教師が教えることが、意外にもとても難しいということについて、読者にわかってもらえるようにていねいに説明することが求められている。

1　「教える」行為の文脈的な違いと、近代学校の文脈的特質

　「教える」という行為の進行にはそれぞれの場面状況がある。それを「文脈（context）」と呼ぶとすれば、教えることが容易なものから難しいものへと、およそ表6―1の4段階の文脈を区分できるだろう。

　（第1文脈：その時その場での解決に）生活や労働において、実際に進行中の事態に適切に対処するに当たって、必要な知恵や知識・技が教えられるという場合がこれである。その知恵・知識・技が、手本を示すことでとか、わずかな言葉かけで、それを必要とした人に伝わり、以降は独りでそれを行

表6―1　教える（学ぶ）場面状況［＝文脈］の4類型

〈文脈段階〉	〈文脈の特徴的性格〉	〈その事例〉
第1文脈	その時その場での解決として教え・学ぶ	生活の中で手本を見て
第2文脈	その場に必要、修得にはくり返しや熟練が必要	徒弟修業
第3文脈	生活・労働文脈から分離、そこに志願して	古典・中世・近世の学校
第4文脈	生活・労働文脈から分離、参加強制で	皆学制の近代学校

うことができるようになる（独力で行う能力を獲得する）とすれば、それはかなり容易な「教える」行為の実現であるといえよう。先に述べた「人が、教えることを簡単だと思う」ような例は、これに当たっている。

　（第2文脈：その場に必要だが修得にはくり返しが）同じく生活や労働において、その場で進行中の事態に適切に対処するに当たって必要な知恵や技であっても、その知恵や技は短時間では容易に獲得できず、くり返しの教える行為や、くり返しの練習、一定期間の経験と練習・熟練がなければ、それを達成する能力を獲得できない場合がある。徒弟修業の場合などは、文脈は実際必要場面にあるが、習得すべき技能はにわかには獲得できないし、時間をかけてくり返しても、その習得度には教えられる者によって異なることもあるだろう。

　家族生活の中に育つ子どもたちが獲得する生活の諸能力（たとえば、食事のときの箸の持ち方・使い方、外に出かけるときのあれこれの身支度、など）は、おそらくこれら第1と第2の両文脈が混在する過程を通じて、伝達され獲得されていると思われる。

　（第3文脈：生活・労働の文脈を離れた学習文脈に志願して）上の2つと違い、教える行為が生活・労働のその時・その場を離れた文脈で行われることがある。一般に学校と名前がつく場所は、もっぱら学ぶために成立した場なので、そこでは実生活・実労働が行われているのでなく、むしろ生活・労働・社会への準備のための学びが行われている。古代ギリシャの知識人たちの学校（スコーレ）の原義は「余暇」だそうである。そこでは、生活・労働

文脈の直接的・緊迫的必要からの一定の距離（＝間接性）が特徴になる。眼前でその必要や実際の行為が展開していないという間接性は、その知識・技能の必要性や有効性の実感も間接的で実感しづらいものにする。それがこの文脈で「教える」という行為の難しさにつながっている。しかし、間接性は同時に、教え学ぶために最もふさわしい順番や段階を設け、活用する教材・教具を含めて、準備し工夫できるという意味では、それはこの文脈の一つの強みにはなっている。

　学校の古代・中世・近世的形態は、前章冒頭に述べたアベラールの場合も、日本での幕末の「私塾」の場合も、そこに優れた教師がいるということで、敢えてその人を師と選んで学ぼうと集まってきている。そこで学ばれている内容は間接的で当面する生活に無縁であり、かつ高度で抽象的であっても、孟子が言うところの「天下の英才を得て、之を教育するは、三楽なり」という師弟関係がそこにあるということになる。

　（第4文脈：学びたいとは限らない子どもたちを学校に集めて）以上の3文脈に比べて、この第4の文脈は近代学校のものである。皆学制であるから、そこには無理にでも集められた子どもたちが通って集まっており、かれらはもともと何かを学びたいと思っているとは限らないし、学ぶことが好きで集まっているわけではない。そこに登場する大人を、あらかじめ尊敬して「師」と仰いでいるわけでもない。そういう教師・生徒関係の中で、しかも第1・第2文脈とは違って、生活・労働の場から離れた間接的文脈の中で、その子どもたちの将来の生活・労働にとって重要だと想定されたことを教えなければならないのである。

　近代学校において、教師たちの教えるという仕事が、特有の難しさを伴うのは、まず、教える・学ぶ（＝伝達・獲得）ということの文脈性において、それが第1・第2文脈とは異なる「間接性」を持ち、第3文脈とも異なる「皆学制」という特有の性格を持っていることに根拠があるといえよう。

2　学校教師の「教える」仕事には特有の難しさがある

　どんな仕事にも、それに特有の性格や難しさがあるだろう。教師の仕事も
また、興味の尽きない特徴的性格を持っている。そもそも教えるということ
自身が難しい。とりわけ上で述べた文脈性ということがあって、皆学制近代
学校の教師たちは特有の難しさを負っている。以下、それを箇条的に整理し
てみよう。

　①人にわかるように教えること自身が本来難しい：前節で、第1文脈で教
えるのは容易なことが多いと述べたが、そうでない場合ももちろんある。
「教える」という行為は、どの文脈にあろうとも、学ぶ側が獲得してくれる
ことで実現する。教える側が、どれだけそれがわかっていようと、自分にそ
の能力があろうと、学ぶ側がそれを獲得し身につけてくれなければ、教えた
ことにはならない。教える側が、どれだけ深くわかっているとか、どれだけ
準備したとか、どんなに努力したということでも決まらない。そういうこと
では自己満足できないのである。

　したがって教える者は、学ぶ側の状況・反応につねに敏感でなければなら
ない。そして準備・計画は重要だが、その時どきの学ぶ側の反応によってや
り方を柔軟に変え、即興で「教える」行為を進めなければならない。神なら
ぬ身の人間が、他の人間に何事かをわかってもらおうという「教える」行為
は、もともと相手頼みの面を含んだ難しさを本質的にはらんでいる。

　②学校の学習が好きだとは限らない子どもたちに教えるということ：前節
の文脈分類でも述べたように、近代学校に集まって来る子どもたちは、徒弟
制度や近代以前の「私塾」の場合と違い、何らかの知識・技能を獲得する目
的で「弟子入り」してきたわけではない。近代学校では、ある年齢の子ども
たちがその意思・意欲にかかわらずいっせいに学校という場に集められてい

102　第Ⅱ部　教師という仕事柄の歴史的・文化的再考

る。「子どもたちは知的好奇心に溢れた学習好き」と言う教師がいるし、そ
れも一面の真理ではあるだろう。しかし学校では、個々の子どもの興味・関
心や得意・不得意にかかわらず、学ぶべき課題が教科・カリキュラムとして
設定されていて次々に展開するので、学習者にとって「毎時間の授業がどれ
もおもしろくてたまらない」とはいかないことは、誰しも学校体験として持
っている。皆学制で集められた子どもたちに、かれらが必ずしも好んでいな
い課題へ向けて知的に集中させて、その学習・獲得を達成させよう[(1)]というわ
けだから、ある意味では学校教師たちはほとんど「至難の技」に毎日・毎時
間とり組んでいることになる。

　③学校という文脈で「教える」ことの持つ特質と難しさ：教える仕事は、
知識・規範・価値の「伝達・獲得」にかかわっている。それが通常の生活や
労働の展開に含まれて、その知識・規範・価値が生きて働き活用されている
場で行われるのと違って、学校では世の中に存在するあまたの諸知識・規
範・価値の中から「これこそ次の時代を生きる世代に学んで身に付けてほし
い」というものが選ばれ、それを教えるのにふさわしい形に再配置（＝再文
脈化：re-contextualization[(2)]）することで、教える活動が行われている。だから、
その知識が元来働いている生活・労働の文脈から切り離された場で教えなけ
ればならない。その分「伝達・獲得」の順序・過程・手段などをあらかじめ
工夫・計画することは可能であるが、どれだけ工夫し計画しても、そのシナ
リオ通りにことがらが進行するとは限らない。またたとえ教える側が妥当な
知識・規範・価値を持っていてそれが学習者に「適切に」提示され語られた
としても、学習主体の側がそれを「獲得」しない限り、結局その「適切性」
は実現せず、「伝達」もされない。

　だから（マニュアル化できる面もあるが）マニュアル化し切れないのが「教
える」仕事である。「what（目標・教材理解）」と、「who（学習主体である子
どもについての理解）」と、その間を計画的でかつ即興的にもつなぐ「how
（実践過程）」と、それら３つが重なって展開するのが教師の仕事である。そ
の労働過程は質を高めようとすればするほど計画性が必要になるが、同時に

不確定性も高まる関係にある。「風土病的不確定性（endemic uncertainties）」とは『学校教師』という本を著したD・C・ローティーが、教師の仕事のそのような性格を適切にも表現した言葉である。[3]

④「集団規律を確保する課題」もそこに重なるという点での困難：近代学校は、その社会に産まれ育った子どもたち皆を学校に集めるので、それに必要な学校・教室・教師の数が多く、社会の子どもたちの人数に合わせると、どうしても一人の教師当たり、一つの教室当たりの子ども数が多くなる。すべての子どもたちに学校教育を保障する公的条件には、その社会の「豊かさ（経済的だけでなく、文化的・福祉的な）」に応じた一定の制限がある。そのため、②で述べた「至難の技」には、いちどきに担当する子どもの人数が多いという条件が加わってくる。そこでは、人数が多い授業場面で子どもたちの知的集中を保つという、「集団規律（discipline）」の維持・確保という課題が含まれる。「子どもたちが騒いで授業にならない」という状態こそ、教師たちのもっとも恐れるところである。子ども一人ひとりの、そして学級の集団的雰囲気全体の、知的課題への集中の程度をその時々に感じ取りながら、次の手を打っていくという、学校教師たちが編み出したたくさんの工夫もそこに生まれている。つまり「至難の技」を乗り切る工夫には、「伝達・獲得」にかかわる工夫だけにとどまらず、「好きとは限らない課題へ集中する」ための前提として、子どもたちの集団規律を維持・確保する難しさに対処する工夫が重なっている。

⑤仕事の結果・成果を明示しづらいという性質：仕事というものは、苦労を通して「これだけの成果をあげることができた」と確認することで、苦労も報われるというものである。教師の教育という仕事には、その結果として、どれだけのものが達成されたのかを測ることが、にわかには難しい面がある。客観テストである程度の確実さでつかめる面もある。またテストといったものを介在させなくても教師たちは、毎日の子どもの姿を通じてその瞬間・瞬間にもある種の評価判断を行いつつ、次の手も打っているであろう。しかし客観テストで測定されるものだけが人間能力のすべてでも、その教育の成果

全体でもない。また教師の目にその時に見えているものだけが成果でもない。子どもたちは、教師には見えにくい世界を、個人としても集団としても持っている。

それに、ある時点で成果と見えて、測定もされていた成果が、５年後には決定的な弱点となって現われないとも限らない。逆に今は見えなくとも（あるいは、子どもにも自覚されてなくても）、また客観的なテストでの測定に表現されなくとも、後々にその教育の成果が重要なものとして現われるかもしれない。だから、人間の成長・発達に働きかけている教育という仕事の成果・達成は、にわかには明確に測り難い面を持っている。この成果とその測定の「不確定な（uncertain）」性格は、仕事の途中経過でも、ひとまとまりの仕事の終了後においても、教師たちがその結果ないし途中経過をどう評価・反省すればよいのかにおける基準の不安定性につながっている。だからこの点は、上の①〜④で述べた一連の「工夫」の実践過程における（揺れや迷いを含む）実際的難しさも意味することになる。

⑥教師の力量を明示する必要とその難しさ：⑤は成果・結果を明示することの難しさについてであった。そのことは、教師たちが「自分がその仕事を遂行する上でこれだけの力量がある」ということを、他者にもそして自己にも示し、納得させることが難しいという悩みにも表裏一体でつながっている。この点は仕事そのものの難しさではないと思われるかもしれないが、そうとばかりはいえない。元来学校教師が児童・生徒たちに課すことは、市民社会の通常のコミュニケーションに比べて「押し付けがましい」ことが多いので、教師の側での「教える者としての一定の自信」、生徒や親の側での「教えるにふさわしい人という何らかの信頼」がそこになければ、上で述べた③・④という難しい課題を乗り切って行くことがより困難になるという面がある。

だとすると、⑤・⑥における「成果・力量の明示・確認の難しさ」をうまく乗り切れないと、③・④の「学校知識伝達・獲得と集団規律内面化の難しさ」に必要な信頼・権威・自信が弱まるので、③・④がいっそう難しくなる。③・④の難しさを乗り切れないと、⑤・⑥はさらに難しくなる。こうして近

代学校教師の仕事の難しさは、ある種の循環をなした困難の重層という姿を示すことになる。

とりあえず6点にわたって述べてきた「学校教師の教える仕事が持つ性格とその難しさ」は、それを乗り切るという意味では、いずれも教師たちの仕事のやりがいでもあるだろうが、悩みの種でもあるだろう。

3　教師たちが社会層として抱え込む難問

教師の「教える」仕事が持っている以上のような難しさは、教師であれば誰でもが程度の差はあっても直面する仕事の性格なので、それは教師たちが誰でも、つまり社会層としてかなり共通に直面する課題であるといえるだろう。

英国の教育社会学者D・H・ハーグリーヴスは、彼の教員文化論において、教師という社会層が抱え込んだ「難問（アポリア）」として、次の3つを挙げている。[4]

(a)「地位課題（status theme）」：とり組んでいる仕事の難しさの割りには、社会的地位が低く、確立していないこと。教師の仕事は、医師・弁護士などに比してその難しさが劣るとは思えないが、前章で教師たちの人数の多さに関連して述べた点もあって、第二級専門職の位置づけを受ける理由があり、そこに地位的ジレンマがあるということになる。

(b)「力量課題（competence theme）」：自分に教師としての力量があることを確認することが、他者に対しても自分自身に対しても難しいこと。これは前節の「難しさ」⑤・⑥で述べた点の社会層的課題である。そして専門的力量を明示することの難しさが、また「(a)地位課題」を難問にもしているのである。

(c)「関係課題（relational theme）」：子ども、親、同僚との関係づくりが

106　第Ⅱ部　教師という仕事柄の歴史的・文化的再考

難しいこと。これは前節の「難しさ」③・④における子どもとの関係づくりに重なっており、それは当然、子どもを学校へと送り出している親との関係づくりの難しさに連動しているだろう（ハーグリーヴスは関係課題の一つに、教師たちの職場での同僚関係も挙げている）。

　ここでも、３つの「難問」は相互に重なっていて、やはり循環関係的なアポリアとして教師層を悩ましていることになる。

　英国の研究者もこうした指摘をしているのであるから、教師たちが仕事上で抱え込んでいる困難は、およそどの国でも、近代学校制度に雇用された教師層に元来まとわりついている困難であるといえよう。

　以上のような仕事上の困難と社会層的アポリアは、教師という社会的存在に独特の色合いを与えることになる。

　教師という職業が、社会的に典型的な専門職とされる「医師」「法律家」「研究者」ほど、専門職として確立してこなかったのは、その仕事がその分だけ「容易」だからではないだろう。この「至難の技」は、むしろより難しい場合もあるといえるほどである。ただその難しさには、上述のような不確定さが伴うので、その「専門性」の内実を自己にも他者にも明示し切れない面がある。仕事に伴う成果は大きく見れば（学校を通じて子どもたちの多くが成長しているので）確かに存在することは疑いないだろう。また、教師個々人による成果の違いもあって「力量の高・低」もありそうだが、「専門性」「専門的力量」がいったい何であるのかの確定が、明示的には難しいのである。その意味で、教師の仕事の世界は今日もなお「まだ見果てぬ暗黒の大陸の一つである(5)」といわれるのである。

　こうした教師の仕事が元来持っている性格と難しさは、一方では「だからこそ、教師の専門性向上が大事だ」という「教師の専門性向上（professional development of teachers）」言説に、いつの時代にも強調される正当性を付与する根拠となる。しかし他方では、その仕事の性格と難しさがはらむ宿命性や不確定性が、「専門性」の内実や「向上」の姿を明示することを同時に難しくしており、表面的には強力な「専門性向上」言説を、その内実まで踏み

第６章　教師の教える仕事の意外なほどの難しさ　107

込むと、意外にも実質を明示することが難しい、何らかの言葉だけが並んだ空疎なものにさえしている。それは、日本における近年の教員政策がはらむ問題性＝浅薄さでもあった（第Ⅰ部第４章ですでに分析したように）。

　また教師たち自身にとっても、仕事の成果の確認がしづらく、教師の力量を明示することが難しいという面は、この教師個々人についての自己自身のイメージ、他者からの評価やイメージを、安定性のないものにしている。それは、自分の仕事を「工夫をもって」遂行しようとする労働主体そのものの不安定さにほかならない[6]。

　教師層が持つそのような独特さについて、以下の７・８章では、学校文化・教員文化という視点で検討していきたい。

　注

(1)　米国のシカゴ学派社会学者 W・ウォーラーはこの点を「学校で授けられる学業は、大部分、知識・技能その他の事項であるが、生徒が進んでこれを習おうという気を起こすことはまずないといってよい」と述べている。Waller, W., *The Sociology of Teaching*, 1932 p.8　石山脩平・橋爪貞雄訳『学校集団』（明治図書、1957年）p.24.

(2)　「再文脈化（re-contextualization）」は、英国の教育社会学者、B・バーンスティンの用語。Bernstein, B., *Pedagogy, Symbolic Control and Identities*, Taylor & Francis, 1986 pp.46-48　久冨善之・長谷川裕・山﨑鎮親・小玉重夫・小澤浩明訳『〈教育〉の社会学理論』（法政大学出版局、2000年）pp.82-85.

(3)　Lortie, D.C., *Schoolteacher*: A sociological study, University of Chicago Press, 1975, pp.134-161.

(4)　Hargreaves, D.H., The Occupational Culture of Teachers, in Woods, P. (ed.), *Teacher Strategies*, London: Croom-Helm, 1980. pp.125-148.

(5)　中内敏夫・川合章編『シリーズ：日本の教師』全６巻（明治図書、1969～1974年）のどの巻にも冒頭にある「編者　まえがき」の言葉。

(6) それが、教員社会の中で、難しさを何とか克服しようとする熱心さと努力主義とを価値とする心性も生むわけであるが、同時にまた「いずれにせよ達成し切れないものならば」というある種の「いいかげんさ」や「ずぼらさ」を許容し、教員社会に含みこむ可能性にもつながっている。

第6章 教師の教える仕事の意外なほどの難しさ 109

第7章　教員文化・学校文化という存在とその働き

1　学校と教師が抱える難問と、そこに生まれる文化

(1)　困難・課題を乗り切る知恵と経験が文化として蓄積する

　前章では、教師の「教える」仕事がいくつもの難しさをはらんだものであること、教師層が社会的にいくつかの難問を抱え込んだ存在であること、その2点を説明してきた。しかし、そのことは教師の仕事が難しくてどうにもならないということを意味しない。もし難しいばかり、難問ばかりで、どうにもならないような仕事ならば、それは職業として成り立たないし、またそれを目指す人も少ないだろうからである。歴史的事実として、学校教師は立派に専門職業として成立し、いまの日本では100万人に及び、その後継希望者も常に多数いて、この国では教員不足に悩んでこなかった。だとすれば、困難や課題があったとしても、それに直面してそれらを何とか「乗り切る」ようなそういう道も開かれたに違いないと思われるのである。

　それは、ある困難をうまく解決したたまたまの経験だったかもしれない。難しい課題を何とか克服しようとして絞り出された知恵・工夫だったかもしれない。あるいは、難問を何とかうまく外してすり抜けた体験だったかもしれない。そもそも、そのような知恵・工夫・経験・体験の蓄積、それらの共有と伝達は、その社会層が毎日のように直面するその困難と課題を何とか乗

110　第Ⅱ部　教師という仕事柄の歴史的・文化的再考

り切ろうとする個人的・集団的努力として長年の間に生まれ、その社会層の「行動様式」や「ものごとの捉え方」として定着するものだろう。つまりそこに共通する集団的困難・課題があるからこそ、それを何とか乗り切った経験の確認とそこに働いた知恵・工夫の意識化が、困難・課題を焦点に生まれる。それが集団のなかで「こういう場合には、こうすればいい」「こういう時には、ことがらをこう捉えて対処するといい」といった経験や知恵が交流・蓄積・伝達され「行動様式・ものごとの捉え方」として定着するというメカニズムがそこに働くということになる。

　学校教師層がそうやって集団形成した、「行動様式とものごとへの意味づけ」を「教員文化」と呼びたいと思う[1]。

　たとえば，学校教育を経験する誰もが日常的に見聞きする情景として、教師同士がお互いを「せんせい」という敬称をつけて呼び合うのを知っている。相手が教師に成り立ての新米であろうと、校長もベテランも新人教師を「せんせい」ないし「○○せんせい」と呼ぶ。いつどの地域、どの学校から始まった慣習かについて、筆者が知見を持つわけではないが、それが「教員文化」の一つの姿であるとはいえる。それは、教師が子どもとの関係、親との関係で、得ることが難しいのに得なければならない「信頼と権威」という（前章で述べた）課題・難問について、教師間相互の呼び方において「層としての教師たちが、学校において尊敬すべき存在であること」を象徴化し、自分たちにも他者（子ども、親、住民）にも見える（聞こえる）形にして提示しているのである。

　そのような「層としての教師たちの、学校における尊敬すべき存在性」を、学校制度に参画する他の層（子ども、親、住民）も承認して、学校教師を誰もが「せんせい」「○○せんせい」と尊称をもって呼ぶのが慣習となれば、それは単なる教員層だけの文化ではなく、学校をめぐるその地域の共有の文化になり、「学校の当たり前」の一つになる。それは、「学校文化」の一つの姿である。学校教師に対する呼称をめぐるこの「教員文化」・「学校文化」の事例は、教師の教える仕事と教師層が抱える困難・課題に対して、そこに共

同形成される「行動様式＝文化」が、それを乗り切るのを助ける役割をしていることを示している。

　またたとえば、「子どもの前では、先生の悪口は言わない」という、かつての日本の地域社会に存在した慣習も、あの「至難の技」にとり組む教師たちに「尊敬すべき存在」という性格を付与して、その仕事の遂行を助ける親や住民や地域社会、広くは日本社会の知恵であり、学校文化が地域に浸透した姿であったといえよう。

⑵　「教員文化」の存在と定義

　あの教師層の３つの難問（アポリア）を提示した英国の教育社会学者Ｄ・Ｈ・ハーグリーヴスは、たとえば「職業文化」について、次のように述べている。

　「私たち大多数にとって、仕事の世界に入るということは、その職業共同体に参加することでもある。私たちは同僚・対象者といった他の人々と共に働き、私たちがどう行動するかに強い期待を抱いている一群の人々と出会う。新人には、単に仕事の技術的熟練だけが求められるのではなく、仕事の世界（the social world of work）にも適応して行かなくてはならない。言い換えれば、大部分の職業は、一つの『職業文化』の中におかれている。この用語が指しているのは、すでにその職業にある人々によって共有され理解されているところの『信念(beliefs)』、『慣習(habits)』、『伝統(tradition)』、『ものの考え方、感じ方（ways of thinking and feeling）』や『他人とのつき合い方（relating to others）』などの一つのセットなのである。この職業文化は、もとからのメンバーの間では明白かつ当然のこととされているが、新人にとってはしばしば不明瞭で、神秘的で、学びとるのが難しいものである。しかし一方、私たちの職業的アイデンティティが形成され確立されるのは、この文化を通してなのである。[2]」

新人が身につけるように求められるのがその職業技術だけでなく、仕事の

世界への適応、すなわち「職業文化」である、という考察は的確だと思う。教師たちの世界も同様だろう。「教員文化」は、「学校教員層の仕事の世界に形成され棲みついている職業文化」であって、新人の前にはそういう職業文化世界がある。筆者はかつて、このハーグリーヴスの規定に依拠しながら、他の文化論も援用して「教員文化」を次のように定義した。

　　「教員文化とは、教員世界に見いだされるモーダルなあるいは変異的な行動型を要素とするものであるが、その単純な和であるよりも、その背後にあって行動を律し、教員たちに『世界解釈』のコードを与えている組織された全体である。その全体は、教員という職業の遂行（仕事と生活とを含めて）にまつわって歴史的に選択され、形成され、継承され、また創造されながら変容していくところの蓄積された信念・慣習・伝統・心性・つき合い方などのセットからなっている。(3)」

　この定義では、①「モーダル（最頻的）」の他に「変異的」を入れて教員文化が一枚岩ではないことを示した、②外に現れた行動型の背後にその行動を律し生み出す原理が文化の本体であるという文化人類学の規定を採用した(4)、③その原理が「世界解釈のコード」を与えるという「文化＝意味づけの体系」という解釈人類学の考え方(5)に依拠して教員文化が教員世界を内面から支えている面を表現した、④「職業の遂行」を、労働過程の内側だけでなく、生活を含む職業層としての社会的存在としての課題と広くとった、⑤教員世界において「歴史的に選択・形成・蓄積・継承・変容される」という文化の歴史性と集団性を示した。「文化」は、もちろん個人の行動として現れるが、それが「選択・形成・蓄積・継承・変容」するのは集団を基盤にしており、文化の主体は個人よりも集団であり、それが個人のアイデンティティの拠点にもなるのである(6)。⑥「信念・慣習・伝統・心性・つき合い方などのセット」というハーグリーヴスの職業文化の体系性理解に依拠した、といった筆者なりの工夫はそこにある。

　そのような目配りにもかかわらず、この定義は、長い割りに抽象的で、かつやや折衷的性格を持つものになっている。それでも教師たちの世界に、確

かに職業文化としての教員文化があるに違いないという点を明らかにし、それがどのようなもので、どう働いているかを解明して行く上での出発点にはなっていると思う。

2　学校文化はこうして形成された

　学校という制度に集う人々によって「学校の当たり前」とされている行動様式と意味づけを、ここで「学校文化」と呼ぶことにする。

　たとえば「満6歳になれば、学校に通うのが当たり前」、「生徒は、学校がある日には毎朝決まった時間までに登校するのが当たり前」、「学校では、生徒は教師の指示に従うのが当たり前」などのどこにもある「学校の当たり前＝学校文化」は、どのように形成され、またどのような働きをしているだろうか。

(1)　学校文化の共同形成

　前章で述べた学校や教師が抱え込んだ困難・課題は、じつは社会にとっても課題である。というのは、もともと社会の側に必要があって近代学校という制度が作られ、教師たちも大量に雇用されたのだから、その制度とその担い手の仕事に困難・課題があるとすれば、社会の側もそれを何とかうまく乗り切って進めたいと意図したはずである。それにまた、子どもを学校に通わせる親にしても、制度成立当初はわが子の就学に熱心でなかったとしても、やがて近代国家が確立し、産業革命を通じた近代産業が広がるに伴って、その社会で一人前の国民に、職業人に育つことが、親にとっての子育ての課題となる。すると、学校・教師の仕事が、難しさはあっても何とか進行することは、その地域の親にとっても必要な課題となるだろう。

一つの学校がある地域に定着し、そこに住む子ども・親・住民にもその存在を認められて「地域の子どもが通う学校」・「学校が存在する地域」となることは、制度としての学校が、そのように子ども・親・住民の必要・期待に応えることで、ある学校のあり方を共同で形成したということであるだろう。

　このような、制度の成立・定着においては、制度の担い手（主要な担い手は教師たち）とそこに集められた子どもや親や（その背後にある）地域との関係の構成と再構成が、毎時間・毎日・毎学期・毎年と繰り返される教室と学校での活動と、その関係と活動への関係当事者（stakeholders）の不断の組み込みを通してなされた。そして、子どもにも親にもそれらの関係・活動が何らか意味あるものとして感じられる学校体験のくり返しを通して、そのくり返しそのものが当然あるべき「当たり前」となり、つまり「学校文化（school culture）」として定着したと考える。「文化」という用語は抽象的かつ多義的で使い方が難しい用語である。ここでは、英国 cultural studies の源流とされる R・ウィリアムズの「文化」概念、つまり「その社会や集団、制度・組織や場を構成している、あるいはそれに関わっている人々が、その間での相互のコミュニケーションを通して、ある姿の『生活様式』・『行動型』とそれと表裏一体の『ことがらへの特有の意味づけの体系』を、創造的に共同形成する」とする文化理論に依拠している[7]。「学校文化」は、学校という場を構成する人々が相互交流を通して創造し、協同形成してきた「行動様式とそれへの意味づけ」であると理解することができる。学校文化にとっては、立場の異なる人々が長期間にわたって参画し共同形成することで「当たり前」となった点が重要だと思う。

　たとえば『教えることの社会学』という有名な書物の中で、W・ウォーラーは学校における教師・生徒関係における教師の権威・権力について、次のように述べている[8]。

　「学校で授けられる学業は、大部分、知識・技能その他の事項であるが、生徒が進んでこれを習おうという気を起こすことはまずないといってよい。そのくせ、教師の方は、こんな学科をある程度完全に修得するよう要望す

る。その要望たるや、生徒が自分で好きなものを選んで勉強する場合よりも、さらに完全に修得せよというのである。教師としては、生徒が学科を十分修得してくれないと、世間に顔むけができない。ここにおいて学校の政治機構（political order）は、教師の権力を絶大ならしめるようにできている。教師の任務は、この権力を利用して、学校の人間関係の核心をなす教え―学ぶ関係を展開していくことにある。」

　ここには、学校制度において教師・生徒関係が「教師の、生徒たちに対する特別の権威・権力」を当たり前にする形で、制度に関与する人々の期待と関係の総体を通じて共同形成されていることが鮮やかに記述されている。

(2)　学校文化の日本的特質の一つ
――義務教育には学業成績不良による落第がない

　当事者たちによって共同形成された学校文化が非常に日本的な特質を持った例として、「（学業成績不良による）落第のない義務教育学校」方式を挙げることができる。日本でいまでは「当たり前」の「落第のない義務教育学校」は、世界の近代学校制度ではやや例外といえよう。カリキュラムの修得を目標とする学校制度は、修得程度を確認する進級・卒業試験が必須となる。じっさい成立期の日本の近代学校制度ではそうだった。しかしその種の試験は、日本の義務教育では明治中期に廃止されて今日に至っている。筆者らが学校文書の100余年を閲覧した但馬の豊岡小学校でも、以下の引用のようにそうだった。

　「小学校創立時期における『試験』実施と、かなりの不合格者の存在である。……（中略）……『級』段階が……（中略）……『学年』段階に組み替えられた（1887年から）後も、当初は『大試験』が実質的な意味を持ち、進級・卒業における『不合格者』の存在も当たり前になっていた。……（中略）……1890年代に入ると進級・卒業における落第率が2割近くから次第に低下してきて、10％以下、さらに5％以下となってくる。……

（中略）……1900（明治33）年・小学校令改正で、正式に『卒業試験・進級試験の廃止』となる。……（中略）……1890年代は、全国的にも豊岡小学校でも尋常小学校就学率の急上昇期に当たり、また豊岡小学校では『日々出席率』の上昇期にもなっている。……（中略）……『義務教育に学業成績を規準とする落第なし』という独特の進級・卒業制度を持つ『日本的学校』は……（中略）……就学率・出席率の向上が盛んに強調される時期と対応しながら、次第に『試験』制度の厳格さの緩和化が事実上進行して、それが受け入れられる過程を経て、1900年の法的確認に至った歩みであるだろう。」

こうした制度の緩和・変更には、学校が元来持っていた業績主義的な進級・落第制度が、日本の共同体における「同じ歳の子どもは、みな同じ能力を持っている」という想定に立つ「子ども組」「青年組」といった年齢階梯を基本とする秩序に背反したことが示されている。その背反が、近代学校の民衆生活への浸透を妨げ、就学率向上の障害になっていた。「進級・卒業試験の廃止」は、その背反と障害を、学校の業績主義修得原則のほうをあえて崩すことで、日本の地域共同体秩序のほうに合わせたものである。そして、こうした近代学校制度の基本性格までも変更する制度化と子ども・親・地域との相互交渉過程が、同時期に就学率を急上昇させ、日本の学校を地域社会に浸透・定着させる重要な要因になり、今日まで引き継ぐ「日本の学校制度の当たり前」となったのである。

3　教師の難しさを支え乗り切る「教員文化」

前節では、学校文化が学校の関係当事者によって共同形成されたことを見てきた。しかし「教員文化」は教員社会・教員層を基盤に成立したものなので、そのどれもが一般的に子どもや親や住民と共同形成されたとはいえない。

そこに、接触面で共同する要素と、やや距離があって共同しない要素とを区分しなければならない。

(1) 教員文化の諸要素と教師像

「教員文化」が、「教員という職業の遂行（仕事と生活とを含めて）にまつわって選択・形成・蓄積・継承・創造・変容する信念・慣習・伝統・心性・つき合い方などの一つのセット」であるとすれば、そこにはどのような要素が存在するだろうか。ここで、その３つの側面を考えてみよう。

(a) 教員文化の理念的側面：教科指導・生活指導にかかわる「指導観」、その背後にある「子ども観」、「教育観」、「学校観」など

(b) 教員文化の集団・組織的側面：同僚関係、教師・生徒関係、親や地域との関係などにかかわる伝統・慣習や対処に関する生きた知恵など

(c) 教員文化の自己意識と人格型の側面：教職への意味づけ（「教職観」）、教師の社会的地位意識、教職の「誇り」や「働きがい」の捉え方、教師タイプ、教師像など

この３分類では、どの側面も子どもや親や地域の側からはよく見えるというわけではないだろう。ある人が、多くの教師と長年にわたって日常的に接していれば別だが、ほとんどの子ども・親は、たまたま担当になった比較的少数の教師と接するので、教師たちの世界の全体と、そこで教師が何を考えているのかはほとんど見えていないのが実情だろう。

そういう状況の中では、教師たちが「子どもとの関係」「親との関係」で、「私たちはことがらをこう考え、こういうふうに仕事をしています」と前に押し出している部分、つまり上の(c)のうちの「教師像」（その教師像がはらむ「子どもという存在をこのように考えています」というメッセージとしての「教師の持つ子ども像」を含んで）が、比較的よく見えている部分であるということができると思う。

もちろん、子ども・親の側からの「見える／見えない」は相対的な程度の

118　第Ⅱ部　教師という仕事柄の歴史的・文化的再考

問題である。また教員文化が「一つのセット」であるとすれば、見えている(c)の要素の背後には、(a)(b)の見えづらい面が存在し、前に押し出された要素を裏から支えていると考えられる。したがって、本章以下では、押し出されて見えている「教師像」要素から議論を進めることにしたい（教員文化の見えづらい側面・要素が、教師存在やその仕事をどのように支えているかについては、本書第Ⅲ部で追究する）。

(2) 「献身的教師像」の形成と内面化

本書プロローグで見た大正時代の「小野さつき訓導事件」に象徴されるような〈教師殉職事件顕彰ブーム〉があった。それを経て「担任する子どものためには命も捨てるのが教師という人たち」という「教師像の聖化」（中内敏夫）がなされ、子どもにも親にも地域社会にも押し付けられたとされている。そこに見る「担任する子どもに対して献身的に向き合う教師」という「教師像」は、中内のいうように教師層の社会的大衆化が進んだ1910〜20年代の時代背景の中で創出され、子ども・親・地域に押し付けられただろう。ただ筆者は、この教師像を子ども・親・地域が受け入れただけではなく、当時の教師層もそれを受け入れたのではないかと考える。そしてそれは、以後半世紀以上の間、日本の教職倫理の支えともなってきたと考える。というのは、もしこの「献身的教師像」が教師と子ども・親・地域との間で共有されるならば、つまりあらかじめ教師を「像が語るような存在」として子どもや親・地域が眼差してくれるならば、教師という存在にとってのあの難問中の難問「子ども・親との関係づくり」、そのための「教師に対する信頼と権威の確保」にとって、大きな助けになったに違いないからである。

前節の「学業成績による落第のない学校」も、この「献身的教師像」も、学校に通ってきた子どもたちを受け入れ抱え込むという意味で、やや「家父長主義的（paternal）」である。と同時に、それを通じて、学校と教師に対する子ども・親の信頼を調達する回路形成になっている点で共通している。そ

こには、学校・教師と子ども・親との関係構成におけるややパターナルと思える日本的特性があると考える。

(3) 献身的教師像がはらむ「子どもへの責任の無限定性」

「献身的な教師像」が持つ「教育の目的主体としての子どもたち」に対する意味づけ、教師の仕事・多忙に対する意味づけについて、「責任の無限定性」という特性がある。「日本の教員文化」にとり組むに当たって筆者は、教師たちに観察される「多忙感」と「未達成感」の調査分析を通じて、次のように書いた。[13]

　「日本の教員という仕事は、『無限定性』を職業倫理として価値理念化する職業である、といっておそらく間違いあるまい。子どもの教育にたずさわるという仕事の性格を『いわゆるサラリーマン的な』限定的態度で割り切ることができない、あるいは割り切ってはならない、むしろ無限定な関心と熱意とを必要とするのだ、という一つの教職観が、父母と教員とに分有・共有されていると考えられる。」

これは教師が、その担任する子どもたちの側から教師に期待していることがらに対して、教師として「それが子どもにとって必要」と考えられるならば、熱意をもって応えて行こうとする行動様式である。そこでは、教師の「責任範囲」判断をめぐる価値志向に「無限定性」[14]という性格が浸透し、それが教職観の要素として、教師たちと親たちに共有される。もちろんそれは「無限の責任を負う」という意味ではない。「責任の範囲をあらかじめ限定・局限しない」、「子どもへの責任範囲が緊急の必要とともに変わり得る」という責任範囲の境界区分の不分明さを意味している。

「担当する子どもに対する責任の無限定性」というのは、子どもが大人に比べてまだ弱くて保護を必要とする存在であると考えられる限り、子どもに向きあうあらゆる職業に多少とも伴う性格ともいえる。ただ、日本の教員文化の場合、「子どもへの責任範囲の無限定性」を、「献身的教師像」の一環の

形で教職倫理として形成し、そういう像と関係の共有を回路として、教師たちが、子ども・親からの信頼と権威を調達したこと、それによってあの「関係課題」という難問を乗り切る大きな助けとしたこと、その2点で非常に意味深い「教師責任意識の無限定性」であったと考える。

(4) 感情共同体としての学級と「教え子」主義

「献身的な教師像」は、明治末期に誕生したといわれる「教え子主義」[15]を引き継いでもいる。教師がその担任する子どもたちを「自分の教え子」と捉え、またそう呼んで「教育愛」をもって接し、かれらが必要とし期待することがらに応えようという教師の行動原理である。すべての教師がそのような行動原理を共有し、実際にそう行動したとはとても思えないが、そのような「教師像」と「姿勢」とを、教師層として子どもとの関係において前に出していたということになる。

そこにはある種の「恩情と従属」のセットがある。その従属性はたとえば、教師がつける当時の絶対評価に子ども・親からの抗弁の余地のない関係や、またやや押し付けがましいと思える教師・学校からの「学校生活適応準備への数多くの要請」（多くの教材・教具を家族ごとに購入・準備し、学校に持参する持ち物すべてへの記名要請、「掃除用の雑巾2枚を家庭より持参」など）に、子どもを学校に送りだす親が、子どもの保護責任者として応じる関係でもあっただろう。

個々の教師と子どもたちとの関係では、「一人の担任教師と数十人の子どもたち」で形成される school class を、「学級という感情共同体」にまで高めることを範型とするような「学級像」を共有的に形成している関係である[16]。それはまた、学校の利害当事者（stakeholders）の中で、教師たちが無前提に特権的な信頼と権威を持つ関係の定着である。元来学校は、前節「学校文化の共同形成」で見たように、学校制度が教師に「生徒たちに対する特別の権威・権力」を与えるように構成されている。学校はつまるところ「強固で

第7章　教員文化・学校文化という存在とその働き　121

組織的な教師集団を支配階級として戴いた、少数者専制体を構成する」と
W・ウォーラーも述べていた。しかし、彼はそれに続けて「学校はあぶなっ
かしいバランスを保つ専制体」と述べ、それが親たちの期待に応えている限
りで許されていること、また「だいたい生徒というものは、世の中で一番扱
いやすいかわりに、一番あやふやなしろものなのである」と述べて、だから
その安定・権威の一瞬の転覆もあり得るあやふやさを同時に指摘している。[17]

　その点では「献身的な教師像」の共有関係と、そこで「教師・生徒関係
（＋）生徒同士の関係」を一体として含む「学級共同体意識」の共同形成は、
教師専制体の元来のあやうさを補う重要な要素となったであろう。またハー
グリーヴスが「関係課題」の一つとして例示する「学校教師たちの職場同僚
関係」[18]の難しさについても、もしそこに学校当事者間における「教師たちの
特権層的存在の安定」があれば、この関係当事者間での位置の安定性が、一
つの学校で教師たちが交流しチームワークを発揮する点で好条件となったこ
とが十分予想できる。

　以上の(2)(3)(4)で見てきた点は、「教師像」が単に「教員文化」の要素にと
どまらず、子どもや親との交流・接触面で具体的に働くことを通じて、日本
の学校生活と教育活動の中で日常化し、この「教師像」が子ども・親にも受
容され、「学校では○○するものだ」という「学校文化＝学校の当たり前」
を子ども・父母・地域に浸透させる媒介ともなったということを示すもので
ある。私たちが「これが学校の姿」と思い浮かべる像も、このような回路と
教師像の媒介を通じて定着しただろう。その「学校の姿」とは、親と学校・
教師との関係構成の特徴を、共同形成の学校文化にまで結晶させてきた一つ
のイメージである。

　その意味で、教師個々人は、学校制度の社会的定着と、「献身的な教師像」
の共有と、特有の学校文化形成とに幾重にも護られながら、あのアポリアを
抱えた難しい教師の仕事・課題の乗り切りに向かっていたということになる
だろう。

(5) 教師が、制度の前面に立って

　これまでは、共同形成された「学校文化」と「教師像」が教師たちの難しい仕事を大いに助けた、という面に注目した。しかし、こうした関係には既に「やや家父長主義的（paternal）」と述べたような重大な弱点もはらんでいたことを、いまとなっては忘れることはできない。

　つまり、日本の教員文化の要素である「教え子主義」・「献身的教師像」は、制度関係をパーソナルなものに置き換え、それを通して教師に対する信頼と学校制度に対する信頼とを支える回路となったであろう。[19]

　ここで、そのパーソナルな関係に「パターナルな包摂主義と、それを通じた信頼・権威調達」が浸透しているという分析を重ねると、子ども・親が「学校制度、個々の学校、個々の教師」に対して持つ距離関係において（山﨑鎮親のいうマクロな制度関係とミクロな人間関係とをつなぐ働き[20]を越えて）、個々の学校と個々の教師の〈前面性〉が際立つ。言い換えれば、そこでの「パターナルな抱え込み」は、教師たちを制度の事実上の担い手として「子ども・親との関係において〈前面〉に立つ」関係に導くことになる。つまり個々の教師や教師集団が、子ども・親からの期待に応える関係を積極的に引き受け、その関係の前面に立つ位置取りを負うことで、（教師・学校側が期待する）教師と学校への信頼・権威を確保・維持して、近代学校と学校教師の抱えるアポリアを乗り切ってきたという構図である。

　そこではパーソナルなものが制度を支えるだけでなく、個別のパーソナルな関係を担う主体が制度への衝立となって、卒業式では「仰げば尊し、我が師の恩」のような特有の深い感謝も受け取る[21]が、たとえば悲劇的な事故や、学校教育の困難問題が発生し社会問題化して〈責任追及〉場面が生じたときには、（制度の組織者としてより重い責任のあるはずの国家の教育官僚機構あるいは地方自治体の教育委員会当局は、むしろ衝立の後ろに隠れ）個々の学校や教師が「責任追及」の被告席に立つという関係にもなるのである。この点は次

章で、どのようにしてそうなっているのかを今日的問題として再考する。

注

(1) ここで敢えて「教員文化」と用語で「教員」という言葉を使っている。それは「教師」が個人として誰かを教える人というイメージであるのに対して、「教員」が制度としての近代学校に大量に雇用されてそこで教える役割を与えられた層を指しているからである。「員」がついている用語は、それが社会的に多数存在することと、制度によってあるポジションを与えられていることを示している。したがって学校教師たちが「学校制度に教える役割を負って雇用された社会層として持つ文化」という意味を込めて、敢えて「教員文化」という用語を使っている。

(2) D. H. Hargreaves, The Culture of Teaching, in *The Challenge for the Comprehensive School*, London: RKP 1982, pp.192-193.

(3) 久冨善之「教員文化の社会学・序説」(久冨編『教員文化の社会学的研究』多賀出版、1988 年) p.23。

(4) たとえば、クラックホーンとケリーの共同論文「文化の概念」(The Concept of Culture, in Linton, R. ed. The Science of Man in the *World Crisis*, Columbia University Press, 1944 pp.78-106　池島重信他 7 人訳『世界危機における人間科学』実業之日本社、1952 年、pp.83-114) に、文化の行動原理的性格についての詳細な議論がある。

(5) この点は、Geerts, C. *The Interpretation of Culture*, Basic Books Inc. 1973 (C・ギアーツ『文化の解釈学』Ⅰ・Ⅱ、吉田禎吾・柳川啓一・中牧弘允・板橋作美訳、岩波書店、1987 年) という解釈人類学の代表的な著作を参照した。

(6) この点は、前注(2)に当たる本文引用中でハーグリーヴスも言っていた。またP. Willis も「集団によってかたちづくられる文化をよりどころにしながら、個々の主観の内容を培いアイデンティティを確かめる」と述べている (Willis, P. *Learning to Labour*, Saxon House, 1977 p.173　熊沢誠・山田潤訳『ハマータウンの野郎ども』筑摩書房、1985 年、p.344)。

⑺ 「文化」のこのような理解については、レイモンド・ウィリアムズ『文化とは』（Williams, R. *Culture*, London: Fontana Paperbacks, 1981（小池民男訳『文化とは』晶文社、1985 年）と、同著『長い革命』（Williams, R. *The Long Revolution*, London: Chatto & Windus 1980 [1961]、若松・妹尾・長谷川共訳『長い革命』ミネルヴァ書房、1983 年）に依拠している。ただし本文中の「　」内は引用ではなく筆者による上記 Williams 本の要約的理解である。その「人々が」には、個人も集団・組織も含まれる。

⑻ Waller, W. W. *Sociology of Teaching*, New York: Russell & Russell, 1932 p.8　石山脩平・橋爪貞雄訳『学校集団』（明治図書、1957 年）p.24。

⑼ 久冨「豊岡小学校の制度・学校時空間の構成と変化」（科研費基盤研究（Ｂ）［代表：久冨善之］報告書『学校文化の形成・展開と地域社会』2009, pp.37-49）の pp.46-47。

⑽ 勝田守一・中内敏夫『日本の学校』（岩波新書、1964 年）pp.39-46 を参照。また、筆者の畏友・北村和夫『オートポイエーシスとしての近代学校』（世織書房、2015 年）pp.208-228 も参照。

⑾ 年齢面での学校秩序と共同体秩序の離齬の一面として、共同体の「数え年」使用慣習に対する近代学校の「満年齢」使用規定がある。日本の学校の年度は４月に始まり３月に終わる。すると、１月１日〜４月１日が誕生日の子どもは、前年度３月 31 日に満６歳になって、４月１日に小学校入学になる。かれらは数え年では「７歳」である。他の４分の３の子どもたちは、数え年「８歳」で小学校入学になる。１月以降生まれのほうが後で生まれているわけだが、かれらは他の多くの子が「数え８歳」で小学校入学なのに、「数え７歳」でもう小学校に早く入学してしまうので「早生まれ」であり「７つ上がり」なのである。「早生まれ」という呼び方じしんが、両秩序間の年齢上の離齬を認めつつ調整する役割を果たしている。

　　しかし、落第を通じた「能力欠如者」の烙印は、共同体側でのそうした調整が不可能なほどの背反であり、そのことから日本的な「学業成績による落第のない義務教育」制度につながったと考える。

⑿ 中内敏夫「『愛の鞭』の心性史」、中内敏夫・長島信広編『社会規範』（藤原書店、1995 年）pp.268-286 を参照。

第７章　教員文化・学校文化という存在とその働き　125

⒀ 久冨善之「教員文化の社会学・序説」（久冨編『教員文化の社会学的研究』多賀出版、1988年）p.68。

⒁ ここでの「無限定性（diffuseness）」とは、社会学者パーソンズの言うパターン変数の一つ［限定性（Specificity）⇔ 無限定性（Diffuseness）］で対比される価値志向である（Parsons, T. & Shils, E. A. ed. *Toward a General Theory of Action*, Harvard University Press, 1954, p.83　永井道雄・作田啓一・橋木真訳『行為の総合理論をめざして』日本評論社、1960年、p.113）。

⒂ 木村元他「教員文化の形成：鈴木利貞日記を読む」（久冨善之編『教員文化の日本的特性』多賀出版 2003）のⅢ部（pp.403-536）を参照。

⒃ 柳治男『〈学級〉の歴史学：自明視された空間を疑う』（講談社、2005年）pp.151-156 を参照。

⒄ Waller, W. W. *Sociology of Teaching*, New York: Russell & Russell, 1932 pp.9-10　石山・橋爪訳『学校集団』（明治図書、1957年）pp.24-27。

⒅ Hargreaves, D.H. The Occupational Culture of Teachers, in Woods, P. ed., *Teacher Strategies*, London: Croom Helm, pp.141-144.

⒆ 「制度関係をパーソナルなものに置き換える」という議論は、山﨑鎮親の論文「学校制度の中の教員文化：信頼のゆくえ」（堀尾輝久・久冨他編『学校文化という磁場』、「講座・学校」6、柏書房、1996年）に学んだ。

⒇ 前注の山﨑論文を参照。

㉑ 卒業式における「感情共同体」をベースにしたこの種の「感謝」と「涙」の意味については、有本真紀『卒業式の歴史学』（講談社、2013年）に、歴史的事実の系統的収集を踏まえた優れた考察がある。

第8章　「文化の共有関係」はどう衰退したか

1　文化の形成・共有とその後退をめぐって

(1)　ある仏教説話に見る「わが子の命」への諦めの心性

　前章では「学校文化」と「教師像」とが、教師層と子ども・親・地域との間で形成され共有されて、明治以降における学校制度の地域定着を促した点を考察した。しかし、文化の共有というものは、時代の変化とともに様相を変えていくものだろう。

　以下に仏陀に関する一つの逸話を紹介したい。[(1)]

　キサー・ゴータミーという若い母親がいた。その小さな赤ん坊が死んで、彼女は悲しみのあまり、半狂乱のていであった。なんとかして赤ん坊を生き返らせてほしいと会う人ごとに訴えた。人々は彼女に同情し、近ごろ評判の高いゴータマ・ブッダという人がいるから、そこへ行って相談するがよい、とすすめる。なんとか赤ん坊を生き返らせるような魔力をその人はもっているかもしれない──。

　キサー・ゴータミーは希望に燃え、死んだ赤ん坊を抱いて、仏陀が滞在していた郊外の森へ急いだ。そして同じように訴えた。ところで仏陀の答えは意外であった。「それはいかにもお気の毒だから、わたくしが赤ん坊を生き返らせてあげよう。──村へ帰って、芥子の実を2、3粒もらって

きなさい」

　芥子の実はインドの農家ならばどこにでもある。その実を使い、何かの魔術によって死者が生き返るのであろう。そう思ってキサー・ゴータミーが走り去ろうとするとき、その背後から仏陀は声をかけた。

　「ただし、その芥子粒は、いままで死者を出したことのない家からもらってこなければならない」

　半狂乱のキサー・ゴータミーには、まだ仏陀のことばの意味はわからなかった。こおどりして喜んで、村にとって返した彼女に、村人は喜んで芥子粒を提供しようとする。しかし、第2の条件に対しては、「とんでもない。家では父や母の葬式も出したし、子どもの葬式も出した」というような返事しか聞かれなかった。家から家へとかけめぐるうちに、キサー・ゴータミーにも少しずつわかってきた。ほとんど村中をまわって、仏陀のいるもとの森に帰ってくるころには、彼女は狂乱も消え去り、すがすがしい気持ちになっていた。赤ん坊はついに生き返りはしなかったのだが。

　この大乗仏教が伝える仏陀に関する逸話は何を教えているだろうか。①人は誰もが死ぬということ、②とりわけ親にとって、わが子の死は半狂乱になっても何もおかしくないような悲痛な体験であること、③しかし同時に成長中の幼い子の死は多くの親たちが経験していること、④わが子の死は取り戻すことはできないが他にも同じ悲しい経験をした人がたくさんいることを実感すれば「自分だけが不幸だ」という思いへのとらわれからとりあえず解放されること、といった4点のように思った。

　大乗仏教のいう「諦め・諦観」には「明らかに知る」という意味が重なっているそうである。人は誰でも死ぬ（①）とは普遍の真理であり、わが子の死は親にとって悲痛極まりないこと（②）はどの時代・どの国でも変わることのない人間の心情であり、子どももたくさん死ぬ（③）のは多産多子（多死）の社会に共通の性格である。これらは確かに、この世の中の事実である。それを明らかな形で認識することを通じて、「苦しんでいるのは自分一人ではない」というある種の諦めの境地にも到達できるという面（④）が人間に

128　第Ⅱ部　　教師という仕事柄の歴史的・文化的再考

はあるということだろう。

(2) 小野さつき訓導事件と大川小学校被災における親の心性
　　（変わらぬ面と変化した面）・再考

　ここで、本書「プロローグ」の小野さつき訓導事件で、亡くなった子ども
の父親が、「息子のことをさておき、──（小野先生の）遺体の前に額ずき、
『わが子のために先生まで死なせてしまって申し訳ありません！』と号泣し
ました」という姿、そこに示された親の「わが子の命」に対する心性
（mentality）を、上の逸話に照らしながら考えてみたい。

　この父親の行動は、学校と教師という存在が、今日よりも親・地域にとっ
て権威あるものだったことを示している。もちろん、前項②で述べたことに
即せば、この父親の「号泣」には、上で引用した文章の中の二重カギカッコ
内のことばの裏に、わが子の死に対することばにならなかった（ないし、そ
の時代には社会関係上ことばにすることができなかった）親としての心情が重
なっていたともいえよう。

　と同時に、失われた「わが子の命」に対するある諦めの気持ちもそこに示
されていると思う。当時は子どもの死亡率がかなり高い時代で、乳幼児や学
童が病気や事故で死ぬということが日常のどこにもあった時代である。[2]わが
子の命を失った親が、大乗仏教が教える「諦め」の境地に達するには、どん
な時代のどんな親にとっても大変なことであったには違いない。しかし、乳
幼児〜学童の死が日常的であったときには（少くとも今日ほど「子どもの死」
が稀なできごとになった時代と比べると）ある程度は「仕方がないことだ」と
いう気持になることが何とかできそうな状況のなかにあっただろうと思われ
る。

　しかしいまでは、日本の乳幼児死亡率は北欧諸国と並んで世界的に低い
状況[3]で、子どもの命が病気や事故で失われた例がマスコミで取り上げられる
ほど「まれ」なケースとなっている。たとえば、大川小学校で子どもを失っ

第8章　「文化の共有関係」はどう衰退したか　129

た親たちにとっては（東日本大震災で1万5000人を超える死者・行方不明者が
あったとしても）、他の学校ではほとんど助かっているのであれば、「どうし
て大川小学校だけ、学校管理下でわが子の命が奪われなければならなかった
のか」という思いが募って、諦めようにも諦めきれないと思う。そして裁判
に訴えてでも「なぜわが子が死ななければならなかったのか」を究明するこ
とを求め、また追及しないではいられないという心情は、誰もが共感できる
ものだと思われる。

　こうして90年を隔てた2つの事例を対照して見ると、一方には、子ども
と教師の死亡事故を通じて「聖職教師像」が形成され定着した大正時代の
「わが子の命」に対する親の心性（もちろんそこには二重、三重の思いが込めら
れているが）が刻印されている。他方では、一小学校の子どもたちと教職員
のほとんどの命が奪われるという悲劇的事態に直面して「学校で、教師たち
もついていながら、どうして子どもを助けることができなかったのか」「助
かるはずの命だったのに」と、その理由を追求し、また責任を追及しないで
はいられない今日の親たちの切実な思いが胸を打つ。2つのケースの間には、
大正時代から今日に至る間に、親の「わが子の命」に対する心性に変わるこ
とのない面と、変化があった面とが浮かび上がっている。その変化の面のほ
うは、前章で述べた「学校の当たり前と教師像」が成立・共有される社会的
土台がその間に変化したことをも示しているだろう。

　ここでの「心性」や「関係構成」の変化を、今日の親の「わが子の命に対
する深い思い」に何らか批判的に向きあおうという意図は筆者にはまったく
ない。「わが子の命」を親が大切にし、それを公然と各方面に訴えることは
当然であるだけでなく、それ自身は、あの「号泣」とともに発したことばの
裏で「ことばにできない思い」を抑え込まねばならなかっただろう父親のケ
ースと比べると、むしろ日本社会の進歩であると考える。そうやって社会が
進歩したのに対応して、学校という場で「子どもの命と権利」を守る教師た
ちの責任がかつてよりはるかに重くなっているという現状を、日本の教師た
ちも、本書の著者自身も受け止めなければならないと考えているのである。

130　第Ⅱ部　　教師という仕事柄の歴史的・文化的再考

これが今から2500年以上前の南アジアでのお釈迦さまの逸話を手掛りとした、筆者による「90年を隔てた2つの事件」への筆者なりの「再考」である。

2　子ども・親・住民との文化の共有関係はどこで後退したか

(1)　日本の戦後第Ⅰ期・第Ⅱ期における学校・教師と親の関係構成とその変化

　前章で述べたような日本の近代化過程での学校・教師と親との関係構成の特徴は、戦後いくつかの再編と性格変化を経たと考えられる。以下ではそれを「戦後第Ⅰ期（1945～1970年代前半）」、「戦後第Ⅱ期（1970年代半ば～1990年代初頭）」、「戦後第Ⅲ期（1990年代半ば～今日）」の3つの時期に分け[4]、本節ではまず第Ⅰ・Ⅱ期について考察する。

①戦後第Ⅰ期（1945～1970年代前半）における「教師の権威の黄金時代」

　この時期には、戦後教育改革による「6・3・3・4制単線型学校体系」の下で、進学率が、高校へは50％未満から90％台に、大学・短大へは10％未満から30％台後半へと大きく上昇している。それは学校への通学・進学の意義が戦前にも増して多くの社会層に浸透したことを意味し、じっさい戦後改革で義務化した前期中等教育（新制中学校）で当初高かった「長期欠席率」（1952年では3.5％。それ以前の数年間はもっと高かったと思われるが全国的調査データがない）が1970年代半ばに0.5％にまで急減する時期である。そこでは、戦後復興から高度経済成長への社会・生活変化の中で、近代的職業への進路を学校体系がほとんど独占する形で、産業社会と民衆の子育てとを

第8章　「文化の共有関係」はどう衰退したか　131

学校教育こそが媒介する関係が強まり、学校教育への期待が高まった時期であったといえよう。

　そういう時代であったからこそ、個々の教師・学校と子ども・親との関係においても学校と教師への信頼と権威が高い「教師の統制力にとっての黄金時代」と呼ばれる状況が日本でも成立した。つまり前章で述べた文化共有を基盤にする学校・教師と子ども・親・地域との関係構成上の日本的特性が有効であった。また国家との関係でも、教師身分の制度的確立があり、またもう一方で国家による教員統制が例外的に弱い時期でもあり、まさに「教師の黄金時代」であったと言えるだろう。しかしどんな「黄金時代」もそう長くは続かない。

②戦後第Ⅱ期（70年代半ば〜90年代初頭）における「教育荒廃」時代

　(a)　学校通学・進学の経済効果は継続した：オイルショック後の資本主義世界の全般的不況時代は、日本では「高度成長後の〈安定成長〉期」であり、世界の経済大国にのし上がって行く時期でもあった。拡大する日本経済の新規学卒者求人増に支えられて「高校卒業資格」が「それなりに安定した職業への移行」を可能にした。その意味では、上述した民衆の子育てと産業社会とを媒介する学校教育の位置と関係は（日本の場合、他の資本主義諸国と異なり）なお健在であったといえよう。

　(b)　「教育荒廃」問題の噴出と、学校・教師への不信・不満の顕在化：しかしそれは「黄金時代」継続を意味しなかった。「おちこぼれ」「荒れる中学校」「いじめ」「不登校の激増」などなど、「教育荒廃」と呼ばれるような諸問題が取りざたされ、公立学校不信から「私学ブーム」が起こった。とりわけ学校での「いじめ自殺」をはじめとする教育事件とその報道のくり返しは、学校・教師への信頼・権威を著しく低下させた。そしてまた学校教育の様々の「被害者（おちこぼれ、いじめられ、非行、不登校など）」の大量発生は、学校・教師に対する不信・不満を、世代を越えて国民的に蓄積させただろう。

　(c)　社会変化の中に生まれたいっそうの困難要因の重なり：これらの関係

132　第Ⅱ部　　教師という仕事柄の歴史的・文化的再考

構成変動には同時期に生じた社会変化が重なって、学校・教師の仕事のもともとの難しさ・危うさをより顕在化させたと思われる。たとえば、学校で学ぶべき学校知識がその特権性や意味を低下させた。また学校の教育活動が「学歴獲得」以外では空洞化が進んだ点もある。(6) さらに国民的な高学歴化の進行が、親に対する教師層の学歴上の優位を薄めたという点もあるだろう。また家族生活・子育て様式の変化と情報・消費社会の進展が、子どもたちと学校秩序とのミスマッチを強めたということもある。これらの諸点にここで立ち入る余裕がない。

いずれにせよ戦後第Ⅱ期は、学校制度と日本の企業社会との関係構成はむしろ強まったともいえるが、同時に第Ⅰ期を成熟させた状況が、第Ⅱ期には親の学校・教師への直接的関係構成の点で、その信頼・権威を弱める方向への変化要因へと転化している、そのような過渡的なアンビバレンスをはらんだ時期であるといえよう。

(2) 第Ⅱ期における「献身的教師像」の共有関係の動態

戦後第Ⅱ期の一連の動向は、「学校の当たり前」・「教師への信頼と権威づけ」が子どもや親と共有された関係を大きく後退させ、教師の仕事にとっての戦前からの文化的・社会的な護りと支えが著しく弱まったと思われる。個々の学校・教師と子ども・親との関係構成の日本的特性とその安定性、つまりあの伝統的な「学校文化」的関係構成は崩れてきて、関係づくりに必要な「子ども・親からの一定の信頼と権威」は無前提ではなくなり、むしろ直接的・個別的な親からの「責任追及」が行われる関係のほうが顕在化し始めたと思われる。

その意味では、戦後第Ⅱ期（1970年代半ば～90年代初頭）こそ、あの［「学校の当たり前」・「献身的教師像」セットの教師層と子ども・親・地域との文化的共有関係］に決定的な転機が訪れた時期であると考える。つまり、学校・教師に対する「信頼と権威」から「不信と不満」へという転換がそこ

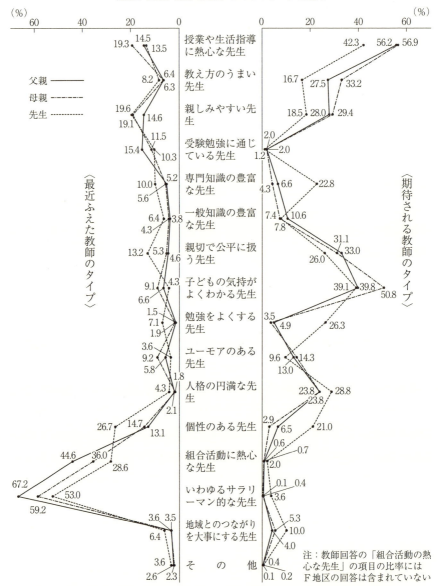

図8—1 期待される教師のタイプ
（教師、父親、母親の回答、おのおの3つまで選択）

≪出典≫矢野峻編『だれが教育をになうべきか』（西日本新聞社、1979年）P.133より転載

で起こったのである。この時期に本当に何が起こっていたのかを、第二期のいくつかの教師調査などのデータを通じて確かめたい。

① 「望ましい教師タイプ」調査に見る「教師像の共有関係」崩れへの兆し

図8—1は、九州の教育社会学研究グループが行った、教師と父母への福岡県での調査結果の一部である。図の右側の〈期待される教師のタイプ〉（3つまで選択）では、「教え方のうまい」や「知識の豊富な」よりも、「授業や生活指導に熱心な先生」「子どもの気持がよくわかる先生」が、教師回答でも父母回答でも、第1位・2位の選択になっている。この「熱心で子ども思いの先生」とはまさにあの「献身的教師像」そのままではないか。

ここで少なくともいえることは、「期待される教師のタイプ」という理念的教師像の面では、「献身的教師像」が相変わらず教師層と親との間で共有されているという点である。

しかし、理念像の面での共有は、前章で分析した教師の仕事の難問である関係課題の乗り切りを助けたあの「献身的教師像」共有の一面でしかない。助けになるには、単に理念でなく、現実の教師を「像が示すような人だ」と思ってもらい、最初から一定の信頼・権威を確保できるという意味での「現実像（conceptions）」であることが必要である。

その点で図8—1の左側〈最近ふえた教師のタイプ〉（3つまで選択）を見ると、教師・親ともに「いわゆるサラリーマン的な先生」が第1位の選択になっている。ここで「サラリーマン的先生」とは、「時間が来れば帰宅する」「責任範囲以外の仕事はしない」といった、あの「無限定性」とは逆の「限定性」を価値指向とする教師のイメージである。この調査データから直ちに「そういう教師が70年代後半に多数派になった」と解釈するのはやや不適切ではないかと思う。むしろ「理念・期待」としての「熱心で子ども思いの献身性」という理念像が強いので、少しでもそうでない行為・態度があれば非常に目立って「ふえた」と意識されたと解釈すべきではないかと思う。

しかしいずれにせよ、「教師と親のコミュニケーション関係」をかつての

図8−2　教師たちが持つ教職観・7項目について4段階で回答（3つの調査結果）

（調査1：千葉県A市 小・中学校教師に。525人の回答、1986年）

［設問］あなたは、教師という職業をどのようにお考えですか。次のa〜gのそれぞれについてお答えください。

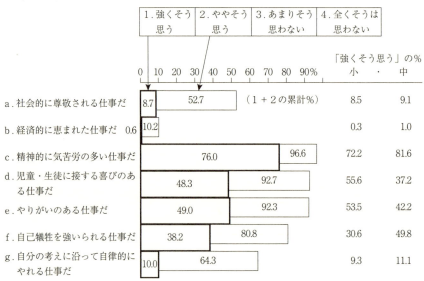

（調査2：埼玉県内小・中教職員名簿から一般教諭を無作為抽出 92人の回答、1988年）

［設問］あなたは、教師という職業をどのようにお考えですか。次の①〜⑦についてお答えください。

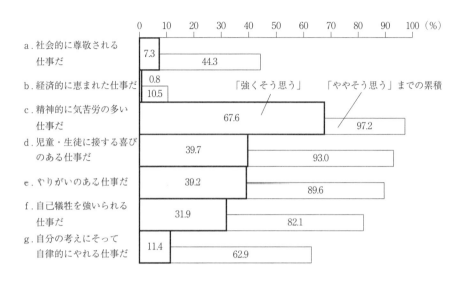
(調査3:首都圏F市の市立学校教諭に。1337人の回答、1991年)
［設問と選択肢］あなたは、教師という職業をどのようにお考えですか。次のa〜gのそれぞれについてお答えください。
〈1．強くそう思う　2．ややそう思う　3．あまりそうは思わない　4．全くそうは思わない〉

ような信頼と権威でつなぐ「教師についての現実像(conceptions on teachers)」の共有関係は、明らかに崩れ始めていると言えるだろう。それはつまり、「理念像」としては相変わらずでも「現実像」としての後退が、教師への「信頼・権威づけよりも不信・不満へ」という変化の文化的土壌になっているということになる。

② 「教師の教職観」調査に見る、「献身的教師像」の根強さ

筆者は、80年代の後半に「教員文化研究会」という研究グループを構成し、首都圏で教師への質問紙調査のいくつかにとり組んだ。図8―2の調査1・2・3は、80年代後半〜90年代初頭に実施した教師調査で、図は3つの調査で共通に「教師の教職観」7項目について4段階でたずねた(4段階の「選択肢」の文章表現は、調査1・3と調査2とで、若干違っているが)結果である。図の棒グラフは、7項目それぞれに4段階の肯定側に回答した比率

を表示している。3調査の結果は次の点でまったく共通している。

（i）　肯定側回答が8割以上と圧倒的なのは「精神的に気苦労の多い」「児童・生徒に接する喜びのある」「やりがいのある」「自己犠牲を強いられる」の4項目である。

（ii）　否定側回答が8～9割と圧倒的なのは「経済的に恵まれた」1項目だけである。

（iii）　「社会的に尊敬される」「自分の考えに沿って自律的にやれる」の2項目は肯定・否定に回答がやや割れている。

　ここから少なくともいえるのは、この時期の教師層の多数派（圧倒的多数者）が持つ教職観は「教師という仕事は、経済的に恵まれず、気苦労や自己犠牲も多いが、子どもと接する喜びのある、やりがいのある仕事だ」というものであったという点である。この教職観は、あの献身的教師像の教師への内面化ではないか。ただ、かれらが内面化しているその像によって「社会的尊敬」が確保できているかどうかについては、教師層の意見は割れていると言えるだろう。

　だとすれば、第II期（1970年代半ば～90年代初頭）の時代状況として上述した「教育荒廃下の、親・国民の学校・教師への不信・不満の蓄積」を通じて、現実像としての共有関係を弱めたと思われる「献身的教師像」を、教師層自身の「教職観」としては依然として内面化している、そういう教員文化をかれら自身は保持しているということができるだろう。これは何を意味するのだろうか。

　その「像」を前面に立てても、子どもや親はもはや「教師という人たちは、みんなそういう人だ」と思ってはくれないとすれば、教師の難問である「関係課題」の乗り切りにはあまり寄与しないだろう。[10]しかし少なくとももう一つの難問「地位課題」については、献身的な教職倫理が含み込んでいる「子どもたちを育てるという社会的にも人間的にも、大事な尊い仕事に従事しているのだ」という教師たちの誇りが、難しい仕事の遂行を教師の内面から支えたという面があるだろう。教師たちが「教師である」ことができる源泉に

138　第II部　　教師という仕事柄の歴史的・文化的再考

それがあるともいえる。その意味では、「献身的教師像」は、すでに時代変化に見合わず、難しい関係づくり課題に寄与できず、かえって「教師批判」のための鏡として使われてしまうという面さえあるのだが、それでも日本の教師たちは「献身的教師像」を教職倫理の資源として自分たちの内面に保持していたといえるだろう。その意味では、大正時代に形成されて定着した「献身的教師像」はその後も長く、日本の教師たちが、自分が自信をもって教師という仕事をやっていく上での基盤となってきたと考えられる。

　子どもをこそ教師の仕事の目的存在として、それに専心するという志向は、時代は変化しても実に根強く、いまも根強いのである。それは日本だけでなく、国際的にもそのような面があって、近代学校における教師という仕事の本質に根ざすもののように思える（本書第Ⅲ部第9章では、国際比較を含んでこの点を再論したい）。

3　「文化の共有関係」の本格的衰退とそのなかの歪み
——戦後第Ⅲ期の動態

(1)　戦後第Ⅲ期（90年代半ば～今日）の「教育危機」と「教育改革」の時代

①本格化した「第3局面の教育危機」

　90年代半ば以降から今日への時代を考えると、バブル経済崩壊後の長期不況の中で「若年層における非正規雇用」が激増する「学校から職業への移行」困難問題が浮上した。そこでは、第Ⅱ期の日本的特徴だった進学・卒業の経済効果が一部を除いて弱まり、M・アーチャーのいう「第3局面(Phase 3)」[11]の本格的到来を思わせる。つまり9割を超えた後期中等教育進学者によって「学校卒業の持つ経済効果」が弱まり、にもかかわらず「進学しないことはいっそうの脱落」の烙印につながるので効果の見込めない進学

が増え、生徒たちの勉学意欲もネガティブ化する、という教育危機である。アーチャーのいう「第3局面」到来の指標である「後期中等教育90%」は日本の場合にはすでに第Ⅱ期に訪れていた。日本の例外的な経済的好調によってたまたま抑えられていたものが、その経済的条件が失われて、他国に約15年遅れでこの危機が本格的に顕在化することになったといえよう。

そこでは、第Ⅱ期の「不登校」・「いじめ」は解決できないまま学校の日常となり、加えて小学校での「学級崩壊」や、中学・高校生が勉強しない状況（学校知識離れ）が広がった。第Ⅱ期での伝統的学校文化の崩れと文化的共有関係の後退に、第Ⅲ期の経済的効用回路の弱まりが加わった「学校の社会的位置関係」変化の中では、教師にとっての「生徒との関係づくりの難しさ」を緩和する要素が十分に働かず、その難しさがそのまま学級崩壊や授業が成立しない学校知識離れとして顕在化した姿がそこにあると考える。

②「教育改革」時代の学校・教師をめぐる関係構成の日本に特徴的な再編

学校教育活動の日常的展開を脅かす危機の到来は、「教育改革・学校改革」を必然化する。その場合、「改革」を通じた関係構成の再編成は、皮肉にもこれまでの関係の性格が色濃く反映した日本独特のものになったと思われる。

近代学校の組織者は国家である。国家は学校・教師がその仕事を進め達成できるようにと、一般的にはそれをバックアップする関係にあったと考える。もちろん学校・教師の「教育活動の自由」をめぐって、それを規制しようとする国家と、国家統制に反対する教師層の間には、一定の対立はある。しかし、子どもや親から見れば、教師、学校、教育行政はいずれも学校制度側の存在である。だから、子どもと親を学校制度に組み込むという点では、国家は学校・教師の存在と活動を背後から支えていたといえよう。

しかし1990年代半ば以降の第Ⅲ期において、この構図は一変した。国家は、それまでに高まっていた学校・教師への親・国民の不信・不満に乗っかり、それを梃子にして学校と教師をターゲットにする「教育改革」に乗り出したのである。たとえば図8-3は、2005年実施の内閣府の保護者調査の結果である。[12]「現在の学校に対する満足度」は、どの学年段階でも、「満足」

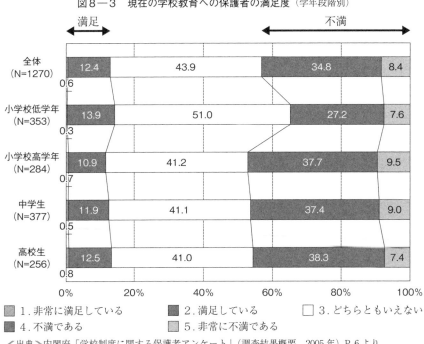

図8−3 現在の学校教育への保護者の満足度（学年段階別）

≪出典≫内閣府「学校制度に関する保護者アンケート」（調査結果概要、2005年）P.6より

が10％余、「不満」はその4倍近い40〜50％になっている。この調査は、内閣府に設置された規制改革会議が、教員評価制度や公立小・中学校選択制度を導入するに当たって保護者の意見を把握しようとしたものだが、その一環に保護者の現在の学校に対する不満の蓄積程度をこのように確かめているのである。

ここにおいて国家の立ち位置は、学校・教師を支える側から、攻撃する側に回ったことを確認できるような、保護者調査のやり方とその結果公表である。ここに生まれた構図は、「新自由主義教育改革」という名で世界のトレンドとなった改革動向のなかでも、日本に特有の歪みを持つものとなった。[13] 以下、そのような日本的特質を3点指摘しておきたい。

(a) 〈前面性〉がもたらす「衝立効果」と「改革への追い風」：上述したよ

うに、90年代半ば以来、日本は「教育改革」時代に入る。そこでは、前章末尾で述べた「学校・教師の、子ども・親に対する〈前面性〉」という距離関係が、教育荒廃・教育危機への親・国民の不信・不満の前面に学校・教師が立つという関係へと引き継がれた。つまりかつて「信頼・権威を調達する回路」として働いた〈前面〉関係がいったん不信へと反転した場合に、個々の教師・学校が不信の「(いわゆる) 被告席」に立たされるという形で、「批判集中＝矢面化」構図が生み出されていると考える。

　じつはそのバックにいて現実の教育により大きな規定力を持っている「教育官僚機構 (文部科学省や教育委員会)」は、教師・学校の前面性を衝立にして、その後ろにあって非難を免れ、自らは「公正な改革者」の相貌をもって登場する。そこでは親・国民からの学校・教師への不信・不満が「改革」の追い風になるという関係が生み出され、それは第Ⅲ期の「学校制度・教員制度改革」の特徴的構図となっている。

　(b)　日本の「教育改革」における3つの「ない」：そのような構図の中では、「官僚統制批判がない」、「学校の自律がない」、「学校当事者 (stakeholders) の学校経営参加権がない」という3つの「ない」(他の国の新自由主義的教育改革には「ある」要素がないこと) が日本の「学校改革」の権利・責任・応答関係の特徴となっている[14]。つまり、第一に「教育への官僚統制」が批判対象になってないので、「規制緩和」と「分権・権限委譲」は、中央官僚機構に都合のよい要素 (つまり、予算削減や責任回避、あるいは「改革特区」の部分的認可) に限られる傾向にある。第二に学校が「自律」できるような学校現場への「権限委譲」もほとんどない。また、官僚統制に替わるべき「学校当事者 (stakeholders) の学校経営参加」も「学校協議員」や「コミュニティースクール」のような、参加する側に権利のない中途半端なもの (官僚機構の裁量の限りで許容・依嘱される形) になっている[15]。

　(c)　合理化よりも、繁文縟礼の多忙化と圧迫：「経営体」としての合理化と成果達成という面は強調されている。しかしそれは自律の条件が与えられないまま、多くの規制の下で強いられている。たとえば「アカウンタビリテ

ィ」は「説明責任」と翻訳され、もっぱら「説明を求められたり、責任追及
されたときに、困らないような説明用資料をあらかじめ完備しておく」とい
う要請に堕している。「学校評価」は2007年改訂学校教育法にも書き込まれ、
学校の自己評価と外部評価が近年の流行になっている。「説明責任」も「学
校評価」も、学校現場の教師たちに、教育の仕事の向上につながる可能性の
少ない膨大な文書の作成・報告を強いて、合理化どころか、その正反対の
「繁文縟礼」という非合理を学校現場に押し付け、教師の多忙（＝長時間過密
労働）を強いるように作用している。

　これら一連の教育改革政策は、「信頼の低下した学校と教師」を、国家官
僚行政が「厳しく監督して競争させ、信頼できる学校・教師にたたき直しま
す」とでもいうような政策指向のものである。そうした「改革」を通じて、
学校の主要な担い手である教師たちへの圧迫はかえって著しく強まることに
なった。
　本章では、戦後日本の社会的・歴史的変化のなかで、学校・教師の苦悩が
次第に深まる様相を、一つは文化的な共有関係の後退に、もう一つは国家の
位置取りの変化による政策的な教師・学校攻撃に見てきた。このような経過
を通じて、戦前に形成定着し、戦後第Ⅰ期は「黄金時代」かに思えた教師を
めぐる状況は、第Ⅰ部で分析したような「教師受難の時代」へと転換したと
考える。[16]

　注
　(1)　長尾雅人「仏教の思想と歴史」（世界の名著）『大乗仏典』（中央公論社、
　　　　1967年）の冒頭解説、pp.22-23。なお、本文（ないし引用文）中の「仏
　　　　陀（ブッダ）」は、この場合、「釈迦牟尼（＝仏教の開祖）」を指している。
　(2)　たとえば『平成23年度　子ども・若者白書』によれば、乳児死亡率は、
　　　　2009年では1000人中に2.4人まで低下しているが、30年余遡った1975

年では 10 人、戦後初期の昭和 30（1955）年においては 39.8 人と今日の 15 倍強であった。また、やや古いが『厚生白書　昭和 39 年度版』には、明治以来の乳児死亡率の推移が出ている。それによれば大正時代の日本は 1955 年よりもはるかに高く 1000 人中に 150 人を超えており、当時国際的にも高水準にあったとされている。

(3) ユニセフ『世界子供白書 2015』を参照。

(4) 戦後 70 年をここでは 3 つの時期に区分した。筆者は通常（これまでの論文など）では、1960 年を分岐点に 4 期に区分してきたが、ここではことがらの文脈上、あえてその分岐点をまたいで 3 期区分としている。

(5) Whitty, G. *Making Sense of Education Policy*, London: Sage, p.66、堀尾輝久・久冨善之監訳『教育改革の社会学』（東京大学出版会、2006 年）の p.94 での言葉。

(6) この問題については、久冨著『競争の教育』（労働旬報社、1993 年）で詳しく分析している。

(7) 矢野峻編『だれが教育をになうべきか』（西日本新聞社、1979 年）p.133。

(8) 「像（conceptions）」が、人間と人間とのコミュニケーションの回路となり枠づける点について、山村賢明『日本人と母』（東洋館出版社、1971 年）という本は、日本人の「母親像」を通じて的確に分析した好著である。

(9) 「教員文化研究会」は 1986 年に千葉県 A 市調査（図 8―2 の調査 1）を行うに当たって 4 人で結成した研究グループ。その後、90 年代～2000 年代のいくつかの科学研究費研究での教師調査の度に再結成している。そのため当初メンバーで残っているのは筆者一人であるが、教師の仕事と生活を「教員文化（occupational culture of teachers）」という概念で把握し分析しようという課題意識と視角は一貫しており、2011 年からは教員人事考課問題、2013 年からは「教師の責任と教職倫理」をテーマに、8 人ほどの研究仲間で活動を再開しているところである。また、先に第 I 部第 4 章表 4―1 と図 4―1 とに結果を示した調査は、この研究グループで実施したものである。

(10) じっさい調査 3（首都圏 F 市、1992 年）では、献身的教師像を示す教職観項目 c、d、e、f の各項目をより強く内面化している教師たちのほうが、

バーンアウト（燃え尽き）の尺度上、平均点が高い（＝より「燃え尽き」傾向が強い）という皮肉な傾向があった。その詳しい分析は、久冨「教師のバーンアウト（燃え尽き）と『自己犠牲』的教師像の今日的転換」『一橋大学研究年報・社会学研究』34、1995年。

(11) Archer, M. S., Introduction: Theorizing about the Expansion of Educational System, in Archer (ed.) *The Sociology of Educational Expansion*, London: Sage, 1982.

(12) 2005年調査結果概要は規制改革会議のホームページで見ることができる。http://www8.cao.go.jp/kisei-kaikaku/old/publication/2005/1007_02/item051007_02_01.pdf

(13) 改革時代の構図と位置の変化については、久冨「日本の教師：今日の『教育改革』下の教師および教員文化」（『一橋大学研究年報・社会学研究』41、2003年）でやや詳しく分析した。

(14) 「3つのない」という日本に見る改革様相については、前注の久冨論文でやや詳しく記述している。

(15) OECD調査で日本は例外的に「親の学校運営参加権のない国」となっていた（OECD教育研究革新センター『親の学校参加』中嶋博・山西優二・沖清豪訳、学文社、1998年）。この状況はいまも変わらない。

(16) なお、本章図8—2の戦後第Ⅱ期の3調査にみる「教職観」が、第Ⅲ期にどのように変化したのかは本書第Ⅲ部第12章「1」で、2つの教師調査を素材にして検討する。

第Ⅲ部　　日本の教師たちの
アイデンティティと希望

第9章　教師には教職アイデンティティが必要である
——国際比較調査から

1　文化としての「教職アイデンティティ」

　第Ⅱ部では、教師という存在と、その仕事柄、とりわけ教えるという仕事には特有の難しさがあり、それを乗り切るべく学校文化・教員文化が形成・共有されその仕事を支える働きをしたが、近年は共有関係の後退があって、教える仕事の難しさがそのまま個々の学校・教師に覆いかぶさっている、という成り行きを記述してきた。

　本章では教師の仕事と教員文化をめぐって、「教職アイデンティティ」の保持ということが、教師層にとっての文化的課題であるという点を、筆者たちの実施した国際比較調査の結果も活用しながら考えたい。

(1)　「教職アイデンティティ」は教師にとっての文化的課題

　第6章「2」で述べた「学校教師の教える仕事の難しさ」6点で、たとえば⑤「教育の成果を明示することの難しさ」とそれと表裏の⑥「教師に力量があることを確認することの困難」とは、教師が自信を持って仕事に向かえるかどうか、その点での「教師主体の不安定化」という問題であった。この点が不安定なままでは、教師は一種のアイデンティティ・クライシス状況に襲われ、その他たくさんの（たとえば第6章「2」で述べた①〜④の）困難に

148　第Ⅲ部　　日本の教師たちのアイデンティティと希望

立ち向かい乗り切っていくことが難しいと考えられる。

　「教職アイデンティティの保持」とは、端的に言って「自分は教師として、それなりに仕事をやれている」という感覚や自己イメージを持てているということである。それは教師たちにとっては、一方ではあの至難の課題を乗り切っている姿である。同時に他方では、「教職アイデンティティ」の保持があって、毎日・毎時間の教える仕事にもとり組めるということにもなる。その意味では、「教職アイデンティティ」保持は、その仕事に向かう教師たちを内側から支える「教員文化の中心要素」といっても差し支えないものである。

(2) 「教職アイデンティティ」の確保が教員文化の戦略になる

　「教職アイデンティティ（＝「自分は教師としてそれなりにやれている」という感覚・自己イメージ）」はもちろん、毎日・毎時間の難しい仕事の「乗り切り」という肯定的体験を自ら積み重ねることによって形成され、維持されるものだろう。しかし、教育の仕事は元来難しいので、いつもそううまく行くとは限らず、失敗や否定的体験も付きものと考えなければならないし、それが教師たちの実感でもあるだろう[1]。しかしもし、その失敗や否定的な職業体験が直ちに「それなりにやれている」という感覚を奪うものならば、アイデンティティ保持は多くの教師にとって困難に直面する。逆にいえば、たとえそこに否定的体験があったとしても、それで直ちに「自分はダメだ」とばかり思ってはいられないということになる。

　先に（第7章の注(6)で）教師個々人のアイデンティティと教師集団の教員文化の関係について、P・ウィリスの「集団によってかたちづくられる文化をよりどころとしながら、個々の主観を培いアイデンティティを確かめる[2]」という文章を引用した。つまり教員社会には、教職アイデンティティ確保の点でも、教師たちが直面する難問（アポリア）に対処するために、歴史的に形成され、継承・再編されてきた「教員文化」があるということになる。

その「教員文化」の意味と働きをここでの文脈で再考察すれば、①教師層が毎日の仕事で直面する「困難・課題」の乗り切りを教員文化が直接助ける（たとえば「献身的教師像」は関係課題や地位課題の克服を助ける働きをした）と同時に、②たとえその乗り切りがうまく進まない「否定的体験」があっても、それが「否定的自己イメージ」や「アイデンティティ喪失」に直ちにつながる影響を教員文化が屈折させ、緩和させるというもう一つの働きをすることで、何とか「教職アイデンティティ」を確保する働きもしているはずだと考える。その働きは「ことがらの捉え方・受け止め方」における屈折メカニズムと名付けてよいものである。この教員文化の働きの第２の面は、〈アイデンティティ確保戦略〉とでも呼ぶべきものだろう。

　それを、教師個々人の個人心理内だけの働きと考えないで、学校教師層が持つ教員文化の働きと考えた理由は、一つには「教員文化」概念が提起された当初より、教員社会・教師集団に特有の「ことがらの捉え方」をその概念定義に含んでいたからである。教員文化の第２の働きに注目したもう一つの理由は、教員文化研究会で実施した日本での教師調査で、上で述べたような「屈折メカニズム」がどの学校段階・地域でも明確に働いていることが確認されたからである。じっさい、教師の仕事をめぐる諸困難が増していると思われる地域や学校の（回答した教師たちもその認識を表明している）状況の中でも、教師たちの圧倒的多数が「アイデンティティ確保状況」（「教師としてのやりがいを感じる」かどうか）をたずねた質問に肯定的に回答している。つまりそこでは〈アイデンティティ確保戦略〉としての「ことがらの捉え方・受け止め方における屈折作用」がどこでも共通に教員文化として働いていると考えられるのである。

　教師たちは「教職アイデンティティ」を求めているだけでなく、その確保がなければ立ち向かうことが難しい仕事に直面しながら、それぞれの時代に「教職アイデンティティ確保戦略」を教員文化として編み出し伝達・保持しているのだと考える。その意味では、「教職アイデンティティ」保持のいかんは、教員文化の単なる一要素ではなく、教員文化が全体としてそれにふさ

わしく働いているかどうかを表現するという点で、まさに諸困難に対応して
生じた教員文化の中心要素であるといえるだろう。

2 教師の仕事と教職観を考える
──ある国際比較教師調査を通して（その１）

　2004 ～ 2005 年に教員文化研究会は、海外の研究者の協力も得て、教師の
仕事・生活と意識に関する５か国（アジアで日本、韓国、欧米でスウェーデン、
英国、米国）比較調査を実施した[6]。以下では、その主要な結果を抜粋的に紹
介し、本章のテーマを国際的視野から考察して、そこにある共通性と日本的
独自性に注目したい。

(1)　教師の仕事・生活と教職アイデンティティとの関係を考える
　に当っての調査枠組み

　この５か国比較調査を実施するに当たり、筆者らは図９─１のような調査
の理論枠組みを考え、海外の研究者とそれを議論し共通確認した。ここで示
されていることは、およそ以下の５点である。
　①時代はどの国も「教育改革」の時代である。それが学校・教師の状況や
教員文化に及ぼしている影響・変化があると考え、それを把握する。
　②「Ａ：学校における良好な／困難な状況」があった場合に、それが
「Ｂ：教職アイデンティティ（確保／喪失）、教師のバーンアウト（燃え尽き）
増／減」につながると考えられるが、その間には「Ｃ：緩衝材としての教員
文化」が介在し、そこで［Ａ⇒Ｂ］の影響は屈折され、たとえば学校の困難
が「アイデンティティ喪失」や「バーンアウト増」につながるかどうかには、
教員文化のそうした屈折・媒介の作用が働く。
　③「Ｄ：職場の同僚関係」は広義の教員文化の集団的次元を示すもので、

第９章　教師には教職アイデンティティが必要である　151

図9－1　教師の仕事と生活、5か国比較調査の理論枠組み（概略図）

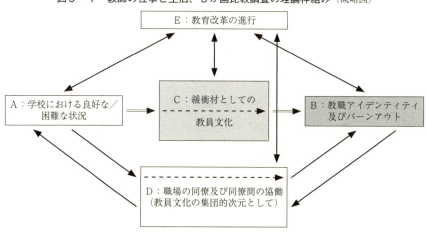

この領域を通しても、②同様に［A⇒B］の影響は屈折される作用を受けるだろう。

④A・B・C・Dという学校・教師・教員文化の世界で起こっている動態は「E：教育改革」のあり方に影響を受けながらも、同時に反作用もするだろう。

⑤以上の諸点に関して、5か国の間にどのような共通性と差異があるのかを、教師に対する調査を通じて把握するため、A・B・C・D・Eにそれぞれ対応する質問項目を設定した質問紙を共同作成する。

(2) 調査実施における回答対象者とそれへのアプローチ

筆者らにとって初めての国際比較調査は、決して容易ではなかった。調査枠組みの共通理解は後から考えれば順調に進行したが、共通質問紙の「調査項目」とその「質問文」・「回答選択肢」の決定と各国語への翻訳をめぐっては、何度も往復をくり返し、また現地訪問の機会に直接協議するなどして、日本での予備調査を踏まえて、ようやく本調査実施にこぎつけた。

表9—1　各国における調査実施の概要

日本 （小　577人） （中　436人） （計 1,013人）	2004年夏〜秋に、国内9地点の学校で実施した。教育委員会の仲介で、または調査メンバーの知人を介して、当該地点の学校に回答を依頼した。協力が得られた学校では、基本的にその学校の全教員（校長・教頭・養護教諭・時間講師を除く）に質問紙を配布し、回答済みの質問紙を回収し、返送してもらうようにお願いした。回収は、9地点全体で、小36校・中28校より。
韓国 （小 180人） （中 135人） （計 315人）	韓国の海外研究協同者である Prof. Kang が、2004年春〜夏に、ソウルとその周辺の学校に回答を依頼し実施した。質問紙の配布は、その学校に赴いて手渡しするか、あるいは郵送して行った。回答済み質問紙の回収はほぼ、各協力校にその学校の分をまとめて郵送してもらった。回収は、小4校、中7校より。
スウェーデン （小　20人） （中　83人） （計 103人）	スウェーデンの海外研究協同者である Prof. Lundahl が、2004年11月〜2005年3月に、助手の人の援助も得て、スウェーデンの中・北部の学校に回答を依頼し実施した。質問紙の配布は、その学校に赴いて手渡しするか、あるいは郵送で行った。回答済み質問紙は、回答者各人に郵送してもらい回収した。小1校、中4校の教師より回収。ただし、小の回答者の中に（左欄20人の中に）就学前担当教師が2人含まれている。
英国 （小　74人） （中　42人） （計 116人）	Beacon Research Consultant の協力と英国の海外研究協同者である Prof. Halpin の助力を得て、2004年秋〜2005年春に、イングランドの学校に回答を依頼し実施した。回答済み質問紙は、回答者各人に Prof. Halpin 宛に郵送してもらい回収した。小11校、中4校の教師より回収された。
米国 （小　79人） （中　29人） （計 108人）	米国の海外研究協同者 Prof. Gitlin が、2005年1〜5月に、ユタ州の、農村部と都市部との2つの教育委員会の許可・協力を得て、その地域の学校にて実施した。回答済み質問紙は、学校ごとにまとめられて回収された。回収されたのは、小4校、中3校より。

　表9—1は、5か国それぞれの回答者構成とそれへのアプローチを簡潔に記述したものである。対象は、公立の小学校と前期中等学校（中学校）の教師になっている。日本と韓国とは地域も都市・農村に広がって比較的妥当性のあるサンプリングと回収数になったが、他の3か国では、協同研究者の努力にもかかわらず地域も限定され、また回収数も100をやっと超える程度にとどまっている。その意味では、5か国比較の妥当性はかなり割り引いて考

第9章　教師には教職アイデンティティが必要である　153

えなければならないが、それでも理論枠組みの共通認識から積み上げたこのテーマでの貴重な比較データとはいえるだろう。

(3) 調査結果（抜粋）から見えてくるいくつかのこと

質問紙はやや盛りだくさんの８ページに及ぶものだったので、その結果と分析の全体をここで紹介することができない。以下は本章のテーマに沿う部分の抜粋である。

①５か国の教師たちの回答には共通性が多い：表９─２は、教師生活と教職観についての主要項目を抜粋してその回答結果を５か国別に単純集計で示したものである。これを見ると意外にも、５か国どの国でも４段階で「教師生活」に関して「強くそう感じる」「わりと強くそう感じる」、また「教職観」に関して「強く賛成」「賛成」という肯定側の回答が７割台半ばから８割台・９割台になる項目（表で、５か国の数値を横一列に網掛けしたもの）、つまり圧倒的に肯定されている項目がかなり多いのである（「教師生活」では(2)(9)(10)(11)(12)の５項目、「教職観」では(3)(4)(5)(6)の４項目）。

そこには「教師としての仕事にやりがい、生きがいを感じる」「自分には教師という仕事が合っている」といった教職アイデンティティの保持に関わる項目がある。この傾向が筆者らの仮説である「教員文化の教職アイデンティティ確保戦略」の働きを示す結果かどうかは、次節「３」で検討したい。

またそこでは、「毎日の仕事が忙しい」「現在の仕事の量は過重だ」という多忙感・過重感がどの国でも強く肯定されている。その肯定側回答の比率はまさに圧倒的である（「教職生活」の(11)(12)の２項目）。

教職観についても「子どもに接する喜びのある仕事だ」「やりがいのある仕事だ」「精神的に気苦労の多い仕事だ」「自己犠牲を強いられる仕事だ」という第７章で見たあの〈献身的教師像〉を表現する項目への肯定側回答が、５か国とも圧倒的である。本書第Ⅱ部を通じて「日本の教員文化の財産」とした〈献身的教師像〉は、教師の自己イメージとしてはどの国にも存在する

154　第Ⅲ部　日本の教師たちのアイデンティティと希望

ということになるだろう。

　②東アジア型（日本、韓国）と、欧米型（スウェーデン、英国、米国）とが：同じ表9─2で、たとえば「授業内容に関する知識について自信がある」は欧米3か国で肯定が100％に近く、日本・韓国でそれほど多くない。表にはないが教科指導・生活指導に関するいくつかの項目で「自信があるか」を尋ねた項目ではどれも同じ傾向になっている。また「何を教えれば生徒にとって意義があるのかがあいまいになる」をはじめとする教師生活への「疑い」「無力」「混乱」があるかを尋ねた項目では、欧米3か国で否定回答が網掛け部分に見るように8割前後から9割台であり、日本・韓国で否定はそれほど多くない。つまり、欧米型では自分の仕事と力量への自信の表明が非常に強いという結果になっている。そこにアンケート回答での文化的傾向（欧米では一般に「自信」を強く表明する傾向）が作用しているかも知れないが、それだけでは説明できないほどの大きな回答格差がそこにある。

　逆に「教職観」の「社会的に尊敬される仕事だ」の項目では、東アジアの儒教文化圏にある日本・韓国が5割前後の肯定側回答だが、逆に欧米3か国はいずれも肯定が1割～4割にとどまり、初等・前期中等学校教師への社会的尊敬度の低さを示している。

　以上の2点では、おおよそ「東アジア型」と「欧米型」とがあるように思われる。

　③日本だけが「経済的に恵まれた仕事」：表9─2で日本だけが肯定が特別に多いという項目があって、それは教職観の「経済的に恵まれた仕事だ」である。それは他国では7割台～9割台が否定しているが、日本では過半数が肯定している。第Ⅱ部第8章で述べた、教師たち多数派の教職観＝「教師という仕事は、経済的に恵まれず、気苦労や自己犠牲も多いが、子どもと接する喜びのある、やりがいのある仕事だ」は、少なくとも戦後第Ⅱ期の終わりである90年代初頭まで生きていたと述べたが、その中の「経済的に恵まれず」は2000年代に入って明らかに逆転している。長期不況が続いて、勤労者の賃金に上昇が見られないなかでは、教育公務員の経済的安定性は、そ

表9－2　教師たちの教師生活と教職観との主要項目の結果抜粋（5か国の単純集計比較）

項目	質問	回答4段階	日本 小・中計	韓国 小・中計	スウェーデン 小・中計	英国 小・中計	米国 小・中計
教師生活（17項目中、主要9項目の結果の抜粋）	(2)教材研究が楽しい	強くそう感じる	10.7%	7.1%	59.2%	24.5%	59.2%
		わりと強く感じる	64.7%	46.1%	37.9%	60.9%	34.0%
		あまりそう感じない	24.0%	44.5%	0.0%	13.6%	6.8%
		まったくそう感じない	0.6%	2.3%		0.9%	0.0%
		回答者数	982	310	103	110	103
	(3)授業内容に関する知識について自信がある	強くそう感じる	7.5%	14.4%	53.4%	61.6%	76.0%
		わりと強く感じる	56.0%	64.9%	44.7%	38.4%	24.0%
		あまりそう感じない	35.6%	20.3%	1.9%	0.0%	0.0%
		まったくそう感じない	0.9%	0.3%	0.0%	0.0%	0.0%
		回答者数	975	305	103	112	104
	(9)教師としての仕事にやりがい、生きがいを感じる	強くそう感じる	23.3%	24.4%	38.8%	52.6%	76.9%
		わりと強く感じる	62.8%	53.4%	56.3%	40.4%	22.1%
		あまりそう感じない	12.9%	21.2%	4.9%	7.0%	1.0%
		まったくそう感じない	1.0%	1.0%	0.0%	0.0%	0.0%
		回答者数	993	311	103	114	104
	(10)自分には教師という職業が合っている	強くそう感じる	16.9%	28.6%	41.6%	55.3%	83.7%
		わりと強く感じる	55.3%	52.7%	54.5%	39.5%	15.4%
		あまりそう感じない	25.7%	17.0%	3.0%	4.4%	1.0%
		まったくそう感じない	2.1%	1.6%	1.0%	0.9%	0.0%
		回答者数	985	311	101	114	104
	(11)毎日の仕事が忙しい	強くそう感じる	61.1%	42.4%	65.0%	87.7%	93.3%
		わりと強く感じる	35.3%	44.4%	28.2%	11.4%	5.8%
		あまりそう感じない	3.6%	11.6%	6.8%	0.9%	1.0%
		まったくそう感じない	0.0%	1.6%	0.0%	0.0%	0.0%
		回答者数	1005	311	103	114	104
	(12)現在の仕事の量は過重だ	強くそう感じる	44.4%	30.0%	41.7%	44.2%	50.5%
		わりと強く感じる	41.4%	47.1%	37.9%	43.4%	32.0%
		あまりそう感じない	13.7%	21.6%	18.4%	11.5%	17.5%
		まったくそう感じない	0.4%	1.3%	1.9%	0.9%	0.0%
		回答者数	1004	310	103	113	103
	(14)何を教えれば生徒にとって意義があるのかがあいまいになる	強くそう感じる	4.6%	14.6%	0.0%	1.8%	4.8%
		わりと強く感じる	37.5%	61.5%	7.8%	7.9%	10.6%
		あまりそう感じない	53.8%	21.4%	51.5%	37.7%	47.1%
		まったくそう感じない	4.1%	2.6%	40.8%	52.6%	37.5%
		回答者数	995	309	103	114	104
	(15)自分の教育・指導の効果について疑問や無力感を感じる	強くそう感じる	4.3%	2.9%	3.0%	1.8%	1.9%
		わりと強く感じる	42.5%	30.0%	23.0%	2.7%	6.7%
		あまりそう感じない	50.6%	59.4%	51.0%	42.5%	46.2%
		まったくそう感じない	2.6%	7.7%	23.0%	53.1%	45.2%
		回答者数	993	310	100	113	104

質問項目	回答					
(16)自分の持っていた教育観や信念に混乱が生じている	強くそう感じる	4.0%	3.2%	1.0%	4.5%	1.0%
	わりと強くそう感じる	30.2%	33.0%	14.0%	17.1%	6.7%
	あまりそう感じない	60.0%	54.7%	40.0%	42.3%	39.4%
	まったくそう感じない	5.8%	9.1%	45.0%	36.0%	52.9%
	回答者数	995	309	100	111	104
(1)社会的に尊敬される仕事だ	強く賛成	7.9%	5.5%	0.0%	1.7%	3.8%
	賛成	46.2%	39.8%	11.8%	25.2%	37.7%
	反対	42.8%	52.4%	74.5%	62.6%	50.0%
	強く反対	3.1%	2.3%	13.7%	10.4%	8.5%
	回答者数	994	309	102	115	106
(2)経済的に恵まれた仕事だ	強く賛成	4.8%	0.6%	0.0%	0.0%	1.0%
	賛成	48.2%	14.0%	5.0%	25.0%	10.5%
	反対	41.1%	73.4%	69.3%	51.8%	47.6%
	強く反対	5.9%	12.0%	25.7%	23.2%	41.0%
	回答者数	996	308	101	114	105
(3)精神的に気苦労の多い仕事だ	強く賛成	53.8%	40.5%	91.1%	82.6%	84.9%
	賛成	43.0%	56.0%	8.9%	17.4%	15.1%
	反対	2.9%	3.6%	0.0%	0.0%	0.0%
	強く反対	0.3%	0.0%	0.0%	0.0%	0.0%
	回答者数	996	309	101	115	106
(4)子どもに接する喜びのある仕事だ	強く賛成	44.6%	26.0%	33.7%	40.4%	60.4%
	賛成	52.2%	63.0%	61.4%	50.9%	35.8%
	反対	3.1%	10.7%	5.0%	7.0%	2.8%
	強く反対	0.1%	0.3%	0.0%	1.8%	0.9%
	回答者数	998	308	101	114	106
(5)やりがいのある仕事だ	強く賛成	42.8%	27.9%	34.7%	55.7%	81.1%
	賛成	52.5%	64.3%	60.4%	40.9%	18.9%
	反対	4.3%	7.5%	5.0%	3.5%	0.0%
	強く反対	0.4%	0.3%	0.0%	0.0%	0.0%
	回答者数	995	308	101	115	106
(6)自己犠牲を強いられる仕事だ	強く賛成	22.1%	28.2%	53.0%	40.4%	58.5%
	賛成	50.8%	60.4%	40.0%	43.9%	34.0%
	反対	25.5%	11.0%	5.0%	14.9%	7.5%
	強く反対	1.6%	0.3%	2.0%	0.9%	0.0%
	回答者数	985	308	100	114	106
(7)自分の考えにそって自律的にやれる仕事だ	強く賛成	8.1%	9.2%	19.8%	11.8%	30.5%
	賛成	60.8%	50.8%	61.4%	70.9%	57.1%
	反対	29.8%	38.7%	16.8%	17.3%	11.4%
	強く反対	1.3%	1.3%	2.0%	0.0%	1.0%
	回答者数	987	305	101	110	105

教職観（17項目中、従来から日本で実施した7項目のみ抜粋）（結果）

注 表中で網掛けがされた部分は、本文中の①・②・③に対応する特徴的な結果を明示するために示っている

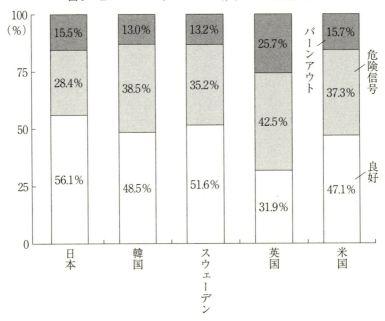

図9—2 バーンアウト・スコア分布の5か国間比較

表9—3 バーンアウト・スコア平均値の5か国間比較

日本	3.01
韓国	3.07
スウェーデン	3.12
英国	3.46
米国	3.09

れまでと異なる教職観を日本の教師たちの間に生んでいるということになるだろう。

④多忙感と過重労働、消耗とバーンアウト（燃え尽き）：上の①で多忙感・過重労働感の回答がどの国でも圧倒的だった。図9—2は米国のパインズらが開発した「バーンアウト（燃え尽き）」尺度で測定した3段階である。「バーンアウト」が、どの国も1〜2割で「危険信号」も合わせると5割前後になっている。バーンアウトスコアは「1〜7」の間に分布して、4を超えると「バーンアウト」、3を超えると「危険信号」で、1〜3以下までが「良好」ということになる。表9—3

158 第Ⅲ部　日本の教師たちのアイデンティティと希望

を見ると、どの国も教師たちの平均値がすでに「危険信号」の域に入っていて、特に英国がやや高くなっている。

　米国では「バーンアウトは教師の職業病」といわれているそうだが、なるほどと思わせる測定結果になっている。

3　教職アイデンティティ確保の様相
——ある国際比較教師調査を通して（その２）

(1)　国際比較調査が捉えた「教職アイデンティティ」の「安定」と「攪乱」の両側面

　本章のテーマである「教職アイデンティティ」の確保に関して、調査分析でこの部分を担当した長谷川裕は、表９—４に見るような集計・分析結果表を提出した。それは「教師生活」に関する17項目を変数として各国ごとのデータを因子分析し[10]、そこから教職アイデンティティの確立／喪失に関わる２つの因子が、どの国でも抽出されることを示したものである。

　一つは「教師としての仕事にやりがい、生きがいを感じる」「自分には教師という仕事が合っている」という２項目（＝変数）で「因子負荷量が高い（＝その因子の影響が大きく、各回答者のその変数での『回答』数値を、その因子が分ける傾向が強くなっている）」ので、教職アイデンティティに関する「安定」因子とされた。もう一つは「何を教えれば生徒にとって意義があるのかあいまいになる」「自分の教育・指導の効果について疑問や無力感を感じる」「自分の持っていた教育観や信念に混乱が生じている」という３項目（＝変数）で因子負荷量が高いので、教職アイデンティティに関する「攪乱」因子とされた。表９—４で各国別に見ると、

　(a)　安定因子：日本・韓国・スウェーデン・英国での第１因子、米国での第２因子

表9—4 「教職生活」関連諸項目の各国別因子分析：教職

	日本			韓国		
	第1因子	第2因子	第3因子	第1因子	第2因子	第3因子
(1)生徒はよく授業を聞いてくれる	0.248	0.084	−0.066	**0.478**	0.039	−0.099
(2)教材研究が楽しい	**0.345**	0.102	−0.048	**0.451**	0.011	−0.007
(3)授業内容に関する知識について自信がある	−0.070	**0.713**	0.040	**0.581**	−0.011	−0.051
(4)授業の進め方について自信がある	−0.067	**0.852**	0.112	**0.660**	0.000	−0.039
(5)学級など生徒集団づくりの指導に自信がある	0.163	**0.646**	0.046	**0.772**	0.066	−0.042
(6)一人一人の生徒との関係づくりに自信がある	**0.377**	**0.377**	0.090	**0.714**	0.035	−0.031
(7)校則などの規則を守らせることに自信がある	**0.330**	**0.342**	−0.025	**0.588**	0.109	−0.119
(8)生徒をひきつける人間的な魅力という点で自信がある	**0.340**	**0.461**	0.073	**0.696**	0.063	0.002
(9)教師としての仕事にやりがい、生きがいを感じる	**0.943**	−0.242	−0.004	**0.658**	−0.066	0.179
(10)自分には教師という職業が合っている	**0.826**	−0.026	0.032	**0.522**	−0.104	0.239
(11)毎日の仕事が忙しい	0.083	0.205	**0.605**	−0.001	0.019	**0.836**
(12)現在の仕事の量は過重だ	−0.057	0.253	**0.647**	−0.054	0.049	**0.808**
(13)問題をかかえている生徒に手を焼くことがある	−0.002	−0.083	**0.553**	−0.127	**0.377**	0.294
(14)何を教えれば生徒にとって意義があるのかがあいまいになる	−0.040	−0.253	**0.460**	0.043	**0.637**	0.183
(15)自分の教育・指導の効果について疑問や無力感を感じる	−0.083	**−0.392**	**0.428**	−0.052	**0.790**	−0.064
(16)自分の持っていた教育観や信念に混乱が生じている	−0.154	−0.179	**0.431**	−0.011	**0.845**	−0.091
(17)子どもが失敗したり問題行動を起こしたりした時など、まず、その原因は自分の指導の不十分さにあると考える	0.191	−0.290	0.218	0.183	**0.391**	0.017

注1 本表の因子分析は、担当者（長谷川裕）の提案で各国別に「主因子法」「プロマックス回転」によって行わ
注2 表中の各因子についての「因子負荷量」の絶対値が0.3以上の数値を**太字**にしてある
注3 本節(2)⑤の項目の本文内容に対応する日本とスウェーデンのそれぞれの因子の「因子負荷量」の数値には

　(b)　攪乱因子：日本での第3因子、韓国・スウェーデン・英国での第2因
子、米国での第1因子

　という形で、2因子が見いだされる。このことと、それら因子が他の要因

160　第Ⅲ部　　日本の教師たちのアイデンティティと希望

アイデンティティの２因子が抽出される（数値は因子負荷量）

スウェーデン			英国			米国			
第１因子	第２因子	第３因子	第１因子	第２因子	第３因子	第１因子	第２因子	第３因子	第４因子
0.278	−0.244	0.285	0.147	−0.236	0.224	0.180	0.312	0.016	0.303
0.475	−0.243	−0.146	0.037	0.158	0.451	0.062	0.135	0.340	−0.044
0.382	−0.161	0.107	−0.234	−0.291	0.456	−0.053	−0.078	0.826	−0.137
0.053	−0.044	0.671	−0.012	−0.224	0.584	−0.059	0.120	0.645	0.198
0.067	−0.052	0.566	0.042	−0.214	0.601	−0.173	−0.067	0.081	0.668
−0.140	−0.053	0.660	0.228	−0.230	0.307	−0.004	0.238	0.227	0.257
0.124	−0.044	0.451	0.294	−0.025	0.465	0.172	−0.047	−0.018	0.743
0.617	0.369	0.227	0.713	0.107	0.073	0.063	0.540	0.104	0.049
0.755	−0.035	−0.054	0.852	0.041	−0.049	−0.066	0.765	−0.156	−0.035
0.709	−0.227	−0.117	0.853	−0.109	−0.038	0.020	0.751	0.092	−0.088
0.466	0.145	0.045	0.149	0.231	0.543	0.125	−0.170	0.285	0.181
0.340	0.198	0.132	−0.088	0.354	0.461	0.454	−0.050	0.163	0.053
0.028	0.611	−0.154	−0.048	0.502	0.069	0.328	−0.044	0.276	−0.458
−0.106	0.485	0.077	0.143	0.261	−0.283	0.399	0.109	−0.014	−0.048
−0.070	0.702	0.060	0.004	0.901	0.160	0.810	0.052	−0.092	−0.078
0.054	0.588	−0.073	−0.158	0.576	0.154	0.717	−0.031	−0.042	0.199
0.234	0.486	−0.144	0.106	0.516	0.073	0.256	−0.097	−0.178	−0.078

れた

「網掛け」をしてある

とどう関連するかについていくつかの様相が見られた。ここではその全体を紹介する余裕がないので、①教職アイデンティティの二層化と「二元性」、②教師にとっての「多忙感」の独自な位置、③「関係課題」としての子ども

との交流関係と同僚間関係の3点で筆者なりの整理を試みたい。[11]

(2) 教職アイデンティティ確保をめぐる二層化の構造

　5か国比較教師調査を通して何よりも強調されるべき発見は、「教職生活」関連諸項目を変数とした因子分析から、教職アイデンティティに関して「安定因子」と「攪乱因子」という2つの因子が5か国とも共通に見いだされた、という点だろう。

　①教職アイデンティティの確保をめぐる2つの層の相対的独自性：「安定因子」は「教師としての仕事にやりがい、生きがいを感じる」「自分には教師という職業が合っている」と関連が強いので、それは教師の仕事を続ける上での土台になるような働きをする層を示していると思われる。それは〈教職アイデンティティの基盤層〉とも呼べるだろう。「攪乱因子」のほうは、毎日の教育活動の中で生徒との関係で感じる困難を表現する諸項目と関連が強いので、対比するならば〈教職アイデンティティの日常層〉と呼べる。

　この2因子の間にはどの国でも一定のマイナスの相関が見られたが、それは一つの因子を構成する「正／負」という逆方向を示すほど強い負の相関ではない。つまり教師たちは、教職アイデンティティ確保に関して、その自己意識レベルでは〈基盤層〉と〈日常層〉ともいえるような二つの層を相対的独自なものとして、およそどの国でも持っていると考えられる。

　もっとも「攪乱因子」は、5か国ともに教師たちのバーンアウト（燃え尽き）スコアと一貫して強いプラスの相関をしており、その傾向の一貫性は「安定因子」とバーンアウト得点とのマイナス相関傾向以上である。だから、それが「日常層」であるからその影響を軽視していいということではまったくない。両因子ともに、今日の教師生活を規定する重要な、そして相対的に独自な層をなしていると考えられる。

　②日本における教職アイデンティティ確保の「二元化」戦略の働き：これら2因子を、（図9─1で「A」とされた）教師たちの「勤務校の良好／困難

162　第Ⅲ部　日本の教師たちのアイデンティティと希望

な状況」把握との関連では（データを示すスペースがないので本章・注(8)の編著書第４章を参照されたい）、日本の場合だけが「安定因子」は勤務校状況にほとんど左右されていなかった。ところが「攪乱因子」のほうは勤務校状況の困難問題多発に正の相関をする、という傾向が見られたのである。

　これはつまり、勤務校での生徒たちの諸問題は、アイデンティティ日常層で受け止められ、アイデンティティ基盤層にまでは影響が及ばないという傾向があることになる。このことを分析者・長谷川はアイデンティティ確保の「二元化戦略」と呼んでいる。筆者が思うに、こうした傾向が生じるのは、日本ではおそらく「この学校では、今ではこのくらいの問題状況はもう当たり前」ということがらの受け止めが、個々人だけではなく職場の教師集団として、その教員文化における意味づけとしてなされているということを含意していると考える。だからそれら問題状況に日常的には悩まされているが、自分の教師としてのアイデンティティ基盤層までは左右されないというメカニズムが働くのだろう。

　③他国における教職アイデンティティの確保様相：どの国でも「安定」因子が強くその構成変数２項目（「やりがい」と「教師が合っている」）への肯定回答が高かった。つまり日本のような「二元化戦略」が見られない他の国々にも、それぞれの教職アイデンティティ確保の様相があることになる。じっさい表９－２の国別単純集計で比較してみても、欧米３か国が「攪乱」に強く関連する項目で肯定側回答が少なく、「自信」が高く、かつ「安定」に強く関連する項目で肯定側回答が高いという回答教師多数派のアイデンティティ構成になっている。つまり、自分に対する意識化された強い「自信」を通した欧米型のアイデンティティ確保の戦略性が見られた。

　各国共通に見られた「教職アイデンティティの２因子抽出と、その二層化構造」が「二元化戦略」にまで進んでいるのは日本だけだった。特に英国では「勤務校状況の良／悪」がむしろ「安定因子」に強く影響を与えている（正の相関）。それだけ、この80年代以降に進行した英国型新自由主義の「教育改革」が、勤務校状況を教師たちが自分の教師としてのアイデンティ

ティ基盤層の課題として受け止めるという制度設計を進め、それをこの20年前後の期間で教員文化にまで浸透させたとも考えられる。図9―2で英国教師たちのバーンアウトの比率が25.7％と特別に高いことにも、そのことが一定の関連を持つかも知れない。

④同僚との親密・相互承認の関係が教職アイデンティティを支える：図9―1でDとした「職場の同僚及び同僚間の協働（教員文化の集団的次元として）」については、「何をもって同僚とのよき関係とするのか」が各国によって細かな違いがあるが、おおむね「同僚との親密な関係」や「職場での自己発揮とそれに対する周囲の承認」などが米国を除く4か国では「職場の同僚たちとのよき関係」として見いだされた。そういうよき関係を示す項目がまた、教職アイデンティティの2つの層（基盤層と日常層）のどちらとも強く相関し、教職アイデンティティの確保を両面で支えているといえるような一貫した傾向が見られた。教師仲間との関係は、W・ウォーラーも注目する教員文化の集団的次元の中心要素である。[12]

そのような集団的次元が多くの国で教職アイデンティティを支えている点、とりわけ前述の「二元化戦略」が発達していない日本以外の国で同僚関係という教員文化の集団次元（図9―1の「D」）が支え手になっているという事実は、本調査の重要な結果の一つといえるだろう。

⑤教師にとっての「適度な多忙」と「過度の多忙」がある（!?）：前述のようにこの調査結果でどの国でも目立った点として、教師たちの「多忙感」があった。「教師生活」関連項目の中の「毎日の仕事が忙しい」と「現在の仕事の量は過重だ」の2項目である。これに対してはどの国でも8〜9割程度の教師が「感じる」という肯定側回答をしている。この多忙問題と教職アイデンティティ2因子とはどう関連しているだろうか。

表9―4で網掛けをしたように、日本では多忙2項目（＝変数）が「攪乱因子」の構成要素になっている（米国では部分的に「攪乱因子」の中に含まれる）。ところがスウェーデンでは多忙2項目（＝変数）は「安定因子」の構成要素となっている（英国では「自信因子」の中とそれよりは弱いが「攪乱因子」

164　第Ⅲ部　　日本の教師たちのアイデンティティと希望

の中に、韓国ではそれだけ独自の「多忙因子」として、どこでも正の因子付加量を持って存在していた)。もちろんこれは表明された「多忙感」であって、客観的な多忙をそのまま表わすものではない。

　筆者はかつて、日本の戦後40年間の数十件の教師調査をフォローして「文化としての多忙」と呼んだことがある[13]。教師たちはいつの時代も「忙しい」と言っており、かつ「熱心さ」を価値として内面化していた。その頃は、「教師たちは忙しくなくてはならない存在」で、「多忙は熱心教師が胸につけた勲章のようなもの」と考えた。

　そのような文化内在的関連は、この5か国比較教師調査においては、「多忙感」が教職アイデンティティ「安定因子」に重なるスウェーデンにはそのままいえるだろう。しかし「多忙感」が「攪乱因子」と重なる日本・米国では、多忙がむしろ毎日の悩みの種になっていると思われる。「自信因子」・「攪乱因子」にともに重なる英国では、ことがらが両義性（多忙を乗り切れれば「自信」、乗り切れなければ「悩み」という形で）を持っていると考えられる。独自の「多忙因子」が析出される韓国では、多忙感とその他との関連がほとんど見いだせなかったので事態はよくわからない。

　いずれにしろ、教師たちの大多数がどの国でも「多忙感」を表明するとしても、それが「安定因子」に重なるスウェーデンの状況は、まさに「教師にとっての適度な多忙」と呼ぶべきだろう。「攪乱因子」に強く重なって悩みの種になっている日本では明らかに「教師にとっての過度の多忙」がある。この点は第Ⅰ部第3章に記述した客観的な長時間労働データが教師の意識やそのアイデンティティを脅かしている。日本においては、この過度の多忙が今日の教師にとって重大な困難になっていることが、他国との比較でも検証されている。

　⑥「教職観」の「やりがい・生きがい」「子どもと接する喜び」が安定因子と相関：「教職観」関連項目の中で目立った点は「子どもに接する喜びのある仕事だ」と「やりがいのある仕事だ」という2項目が5か国共通にとても高い肯定側回答で、同時にこの「子ども志向」ともいうべき回答傾向がど

の国でも、教職アイデンティティ基盤層をなす「安定因子」とこれまた強い
プラスの相関があったことである。この結果が意味すること、それは端的に
いって、教師にとってのやりがい・生きがいの中心はやはりどの国でも〈子
どもたちと接する喜び〉にあるという点である。その意味では、ハーグリー
ヴスの言う「関係課題」の中心にある「教師・生徒関係」は、教師たちにと
ってのアポリアの焦点であったわけだが、そこにこそまた仕事の「やりが
い」の焦点もある、ということになる。それは、本章「1⑵」とその注⑴と
でみた「失敗は成長の糧」という教師人生の体験と深く関連し合っている、
教師の「教える仕事」が持つ機微だと考える。

　だとすれば、第Ⅰ部第4章で紹介・分析した「教員制度改革」諸方策が、
この「教師魂」の中核部分を圧迫するように働くならば、それらは教師たち
を励ますものにはならないのではないか。その点では日本だけでなくどの国
でも、教師たちが広く深く保持して、その教職アイデンティティ確保の資源
にしている「子ども志向」という性格を、理解し大事にするような教員政
策・教員制度改革こそが求められているということになる。これに逆行する
ような改革・政策は、たとえ一時的に押し付けることができたとしても、教
師を励ますどころかむしろその目指す志向を圧迫してしまって、教育政策と
して成功しないということになるだろう。

　以上、5か国教師比較調査の結果を通して、教職アイデンティティ確保課
題に関して、どのような共通性や独自性があったか、また教師生活・教職
観・同僚関係などの諸項目とのどのような関連の様相が見られたのかに抜粋
的に触れてきた。ここで確認された様相と課題は、今日の日本の教師層と教
員文化の課題と希望として、本書第12章でもう一度考察したいと思う。

　注
　⑴　教師の仕事には「失敗がつきものである」こと、その失敗を真摯に反省す
　　ることでそれがむしろ教師にとっての「成長の糧となる」ことについては、

『教育』2005年3月号、特集「教師の『失敗』」pp.4-75、また『教育』
2014年4月号「特集1：失敗と試行錯誤の教育学」pp.4-64を参照。

(2) Willis, P. *Learning to Labour*, Saxon House, 1977, p.173。ポール・ウィリ
ス『ハマータウンの野郎ども』（熊沢誠・山田潤訳、筑摩書房、1985年）
p.344。引用は同ちくま学芸文庫版（1996年）p.404より。

(3) Hargreaves, D.H., The Culture of Teaching, in *The Challenge for
Comprehensive School*, London: RKP, 1982。ハーグリーヴスの教員文化の
この定義は、第7章で紹介した。

(4) この内容の詳細は、久冨編著『教員文化の日本的特性』（多賀出版、2003
年）のⅠ部「教員文化の現在：その実態調査」における教員調査分析の中
の長谷川裕論文、山田哲也論文、久冨論文を参照いただければ幸いである。

(5) 前注(4)の長谷川・山田・久冨論文参照。

(6) この調査とその「まとめ」としての国際シンポジウム（2005年）は、科
学研究費補助金・基盤研究（A）「教育改革時代における教師の位置と文
化：その再編の社会学的・歴史的・比較論的な研究（代表：久冨善之）」
の補助を得て実施したものである。

(7) 英語の質問紙をまず共通確認し（そのプロセスが数か月を要した）そこか
ら各国語に翻訳した。

(8) この調査の結果とその分析は、久冨編著『教師の専門性とアイデンティテ
ィ：教育改革時代の国際比較調査と国際シンポジウムから』（勁草書房、
2008年）を参照されたい。また調査項目とその集計結果の全体は、科研
費研究成果報告書『教育改革時代における教師の位置と文化』（課題番
号：15203032、研究代表者：久冨善之）2006年3月に掲載されている。

(9) パインズらのburnout尺度は「身体的（physical）消耗」「情緒的
（emotional）消耗」「精神的（mental）消耗」の3領域で7つずつ、合計
21項目を設けて、3側面の消耗度の深さを各項目7段階で尋ねて測定
している。Pines, A. M. "The Burnout Measure" paper presented at the
National Conference on Burnout in Human Services, Philadelphia, 1981を
参照。筆者らが使用した日本語訳尺度とそれによる（本章で分析中のもの
以前に行った教師調査での）測定結果の分析については、久冨「教師のバ

ーンアウト（燃え尽き）と『自己犠牲』的教師像の今日的転換」（『一橋大学研究年報・社会学研究』34、1995年）を参照されたい。

⑽　因子分析（factor analysis）は、統計学において多変量を解析する手法の一つである。それは分析に投入する一定の数の変数（本章の場合は、「教職生活」に関する17項目の質問項目）について、回答者の「回答」を数値化して（本章の場合、回答選択肢の「強くそう感じる」を4点、「わりと強くそう感じる」を3点、「あまりそうは感じない」を2点、「まったくそう感じない」を1点と、感じ方が強い順に高い得点を回答者個人に与えて）、17変数間の相関係数行列から、各回答者の回答分布を背後で規定している要素（＝因子）を抽出する手法である。

　　初期には教育心理学の分野で、「生徒・学生の各教科成績（点数）の分布」の背後にある知能をいくつかの要素に分類するために使われ、スピアマン、ソーンダイク、サーストンなどの心理学者によって1910～30年代に行われ、一定の妥当な「因子」抽出がなされたことから社会科学・人間科学諸分野に普及するようになった。

　　本章に引用した長谷川の場合は、この手法を各国別データに適用して、各国別々に因子抽出を行っている。また因子抽出法としては、もっとも一般的な「主因子法」を用い、さらに因子相互間に相関性があると推測して（相関性を想定しない直交回転［通常はバリマックス回転］ではなく）斜交回転でふつう使われるプロマックス回転を行っている。

　　なお因子分析とその諸手法などについては、ほとんどの統計学の書物に説明があるので、それの専門家ではない筆者としては、これ以上の説明を略する点をお許しいただきたい。

⑾　この教職アイデンティティの2因子の抽出と分析については、前掲『教師の専門性とアイデンティティ』の長谷川裕執筆 pp.86-137 に詳しい。

⑿　Waller, W., *The Sociology of Teaching*, Wiley, 1932. 石山脩平・橋爪貞雄訳『学校集団』（明治図書、1957年）第22章を参照。

⒀　久冨編著『教員文化の社会学的研究』（多賀出版、1988年）pp48-77を参照。

第10章　日本の教師たちが持つ「教育実践」志向

1　近代学校の教師たちに生まれる実践志向

(1)　近代学校成立の人類史的背景[1]

　第Ⅱ部第5章でも述べたように、学校の歴史は紀元前に始まる[2]といわれ、そこには教師という存在もいたと思われるが、それは学校と教師の前史である。それが前史なのは、その時代に「文字の読み書き能力（リテラシー）」を必要とした社会の支配者と知識人という一部社会層が学校を独占し、教師はそういう学校で教える人だったからだ。「いまのような学校＝社会の子どもみんなが通うのが原則の皆学制近代学校」は19世紀に人類史に登場した。

　そこでは、「市民革命」「産業革命」という2つの革命に象徴される17〜19世紀の欧米先進諸国での政治的・経済的・社会的変化が近代学校制度の人類史的登場の背景となった。

　①近代国民国家は近代学校を求めた：国王の権威や力に依拠しない市民革命後の国民国家は、国民多数が「この国は自分たちの国だ」という「国家意識＝国民意識（national consciousness）」を持つことがその存立・統一に必須となる。そこでは国家語による言語的統一が重視され、皆学制学校を通じて「国家語を教え、国家語で教える」、「歴史・地理教科や学校行事を通し国家意識を形成する」ことが重要となる。近代国家の形成はどこでも「国家・国

民意識形成」を目標とする皆学制近代学校の確立努力を伴っているのだ。

②近代産業社会が知識と規律の一定水準を求めた：大工業が主導する近代産業社会は高度な分業・協業関係を職場内・外に必要とする。そこで労働者たちに分業・協業の円滑な進行を支える規律と共通知識のレベルが必要となる。またより高度な分業を担う一部専門職層とその専門知識も必要になる。近代学校制度は一方で学ぶ者誰にも共通の知識・規律レベルの養成を図り、他方でそれを「共通教育」とし将来どの分野の専門的知識・技術を学ぶにも基礎となる「段階的な学校体系」に構成された。共通と段階とのセットを通じ、近代学校は近代産業社会の労働能力要請に応えたわけである。

③近代社会の「業績主義」に適合する教育制度：前近代社会は「属性主義（生まれ、身分、家柄、人種・民族、性別などの属性で人を評価し処遇）」の原理に立つが、近代社会は「業績主義（身につけた能力とその発揮で人を評価し処遇）」の原理に立つものである。

この近代業績主義に皆学制近代学校は実に適合している。その社会に誕生した子どもたちが一定年齢で皆入学して同じ教科・内容を学ぶので平等主義的である。また学校には教えた知識の習得の程度を絶えず評価する仕組みがあり、同時に皆学制初等教育から一部の者が進学する中等教育、高等教育に進学するには一定以上の「学校知識習得レベル」が要求されることになる。学校体系自身が極めて業績主義的である[3]。「業績主義原理」を通じた近代社会と近代学校とのこの適合によって、近代学校体系は「学校知識の習得レベル」を基準に、子ども・若者の進学や職業的進路を「公正」に分配して振り分ける有力な「人材配分機構＝諸職業への通路」となったといえよう。

(2) 近代学校の教師に対する期待の諸側面

学校制度の主要な担い手は教師たちである。学校教師は、近代学校に大量に雇用された教える人々だ。教師たちは、直接には学校制度から、間接には近代学校を成立させた社会から多くの期待が寄せられ、教師たちはそれら制

度的・社会的期待に応えることが求められた。たとえば学校カリキュラムが具現する知識・規範のレベルを子どもたちに獲得させることは、学校の中心的担い手である教師たちの責任となったといえよう。

しかし同時に教師は、毎日・毎時間、何十人かの子どもたちと関係を結びながらその仕事を進めるので、ただ制度・社会からの期待にだけ応える志向では済まない面が必然的に生じてくる。教える行為は、第Ⅱ部第5章で述べたように、結局学習者の側が習得してくれなければ本当には達成されないものなので、教師は目の前にいる子どもたちが示す反応、そこに表現される子どもたちのリアルな状況、かれらの期待と必要・要求（needs）にも応える（response）ことが求められる。学んでいる子どもたちの状況を把握しその期待と必要・要求に応答することによってこそ、教師の教えるという仕事はその責任（responsibility）を果たすことになる。子どもたちとの間にこうした応答関係があるので、教師層の間に「この子たちが直面する状況に応える働きかけをして行こう」、「子どもがより成長・発達できるような教育のあり方を工夫しよう」といういわゆる〈教育実践〉への志向が生まれて来る必然性がある。

しかも、この教師の〈教育実践〉志向には、日本の近代学校ならではの特別な性格が加わった点を次節で検討してみたい。

2　教師の実践性と階級・階層性

(1)　学校存在の特質と教師の実践志向[4]

日本には「教育実践」という言葉がある。これは英語でいう「pedagogic practice」とは若干ニュアンスが違うように思う。英語は「教えるという仕事（行為）をしている」ということだろうが、「教育実践」には、「教育とい

う仕事（行為）をよりよいものに（そうさせない圧力に抗しても）しようという志向を持った実践的活動」というニュアンスがあると考える（何を「よりよい」と考えるかは課題であるが）。この言葉の起源はここでの関心ではない。

　関心は、日本の教師たちが近代学校の歴史の中で、「教育実践」志向を持った教員文化を教員社会の中に生み出して、それが今日も引き継がれているという点である。それは、実践志向を集団化した「民間教育研究団体」を戦前・戦後を通じて多数生み出した点にはっきりと示されている。他国では「新教育運動」の民間展開が目立っている。しかし日本は、そのペタゴジー（教育の目標・内容と方法とを一体のものと捉えた用語）の点でも「新教育学校」に限らず、公立学校の教師たちの間にも広く浸透している。

　そもそも近代学校という存在は、その社会に生まれた子どもたちを皆学制の学校という秩序の中に組み込もうとするものなので、それが制度として全国の地域社会・地域住民の生活の中に位置づくには、かなり難しい課題を抱えていたと考えなければならない。とりわけ日本では、近代化を急速に進めて先進諸国へのキャッチアップを目指したので、その難しい課題を短期間で達成することが求められた。

　学校はまず、「学校知識」を子どもたちが「学ぶべき知識・スキル群」と規範化してその修得努力を価値化する。そこに〈知識・スキル伝達〉という学校の中心課題を置いている。その知識・スキル伝達過程を支えるために、学校はその時間にしても空間にしても、他の場にはあまりないような「堅苦しい」秩序に子どもたちを組み込もうとする。そして知識を規範化するだけでなく、そのやや堅苦しい生活秩序を「それを生活規律として確立するのがよいことだ」と、やはり規範としている。だから、学校は、知識でも時間・空間でも、その秩序を「よし」とする価値・規範を伴い、子どもにとっての道徳環境となることで、それを学習・生活規律として内面化させる〈道徳形成〉の働きを持って存在している。

　さらに、日本のような夏が高温多湿、冬が乾燥する気候では特に重要な課題となったのが、子どもたちの健康問題である。学校は、1年の大半に及ぶ

登校日の半日近い時間帯をある空間内に組織するので、そこが子どもたちにとって「生活の場」となる。人間が密度高く集中して生活する場では（特に日本のような気候では）伝染病が蔓延しやすく、また怪我・病気が起こることも多くて、衛生環境の整備と子どもの安全・健康を守ることが課題となる。子どもたちの健康と安全な生活・活動を通じた成長を目標とする〈養護〉という働きが、〈知識・スキル伝達〉と〈道徳形成〉に並ぶ第3の学校機能となったのである。じっさい、養護教諭をどの学校にも必置とする日本的な学校制度は、そこから生まれている。

　こうして日本の学校はその知識・生活両秩序を、〈知識・スキル伝達〉と〈道徳形成〉と〈養護〉の3機能と結びつけることで、その働きを展開し、学校制度の存在，その意味と正統化を実現している。つまり学校は、3機能がうまく働くというそのことによって、他にはない独自の知識・生活秩序も可能になって、学校という存在として成り立っているのである。

　そうすると学校の中心的担い手である「教師たち」の間には、目の前にいて毎日交流している子どもたちの期待や必要・要求に応えて、この3機能を効果的に進めようという、先に述べた「実践」という志向が芽生える。かくして、日本の教員文化の中に自生した「実践志向」は、日本の学校が地域社会・地域住民の生活の中に何とか短期間に根ざし位置づこうとした、そのような過程の中で、その中心的担い手である教師たちの「学校での仕事」への特有の意味づけの一つとして生まれたと考えることができる。

　もちろん「よりよく」効果的に果たそうとするとは結局何をどうしようとするのか、をめぐっては多様な意味づけ・考え方があり得ただろう。だから「教育実践」志向のペタゴジーは決して一枚岩ではない。しかし、そこに一定の傾向を見いだすことができるように思う。

(2)　階級・階層制が生み出す格差・貧困問題が教育実践の課題に[5]

　皆学制近代学校は先に述べたように19世紀に人類史に登場し、日本でも

19世紀末にその制度を整えた。皆学制の学校整備は、それまで一部社会層に限られていた学校制度の利用や、識字能力獲得を民衆層にも開くので、「（文字が5〜6千年前に発明されて以来）何千年も続いた文字と文字文化をめぐる社会内の（識字層と非識字層との）文化的亀裂」を克服する、画期的意味を持つものであった。

①皆学制と民衆層：ただし皆学制は、それまで文字と文字文化に接する機会のなかった層も学校に集めるので、その層の子ども・親にも「学校に通うと、今の世の中を生きるのに意味のある能力・規律が身に付く」と思ってもらわなければ、「義務教育」制度規定だけでは民衆層の「就学・通学」は定着しない。だとすると、学校はとりわけ「民衆層の子どもに意味ある働き」を、人々が実感できる程度に達成する課題を負うことになる。

先に述べた近代学校の3機能（〈知識・スキル伝達〉、〈道徳規律形成〉、〈養護〉）が、その働きが認められる程度にうまく展開することで、その意味と正統性を確保し、民衆層の就学・通学も集めることができる。大きな歴史的背景でいえば、社会の近代化に伴う政治・経済・文化的要請に応えて登場し確立・拡大した学校制度は、それぞれの地域社会・学校では、そこに生きる民衆の子育て・学習要求に応える努力によって、地域社会に定着したのである。

②教師の「教育実践」志向と、民衆層の子どもたち：近代学校制度の組織者は国家だが、現場での中心的担い手は教師なので、前述したように、その教師たちの間に、学校の働きを効果的に進める意識的とり組みとしての「教育実践」という志向が、必然的にあるいは可能性として生まれることになる。

その教育実践が目指すのはまず先の3機能の効果的な達成であるわけだが、その場合の一焦点は次の点にあるだろう。つまり「学校知識」と「学校の道徳規律」とに、家族生活・地域生活の面で慣れておらず馴染めない民衆層の子どもたちが「学校・教室の〈お客さん〉あるいは〈逸脱者〉」とならずに、その子どもたちにとって「教育目標・内容」が獲得されるような学校の教育活動をどう実現するかという点である。なぜならその子どもたちに就学・通

174　第Ⅲ部　日本の教師たちのアイデンティティと希望

学の意味を実感してもらい、かれらに学校に通ってもらう、その親たちに子どもを学校に通わせてもらうことが、皆学制の意義なのだから。

この実践的焦点は、皆学制近代学校が成立以来今日まで負っている「階級・階層間格差」という難問・課題である。それは、学校教育への社会的・階級的規定性の中ではほとんど不可能事にも近い難問（「階級・階層間格差」を学校教育で解消することが難しいこと）に思える。そうでありながら、同時に教育実践的には、それが焦点的達成目標・課題であったといえよう。

だから「格差・貧困と教育」の問題は、近年の日本で広く話題になっているような 1990 年代半ばになって突然課題化したのではなく、「教育実践」として一貫して課題化する焦点だったはずである。日本の場合、たとえば戦前・戦後の「生活綴方」実践の大部分にこの課題意識が強く流れていたと考える。[6]

しかし、この課題志向に立って「貧困に負けない子ども」と教育目標像が明示された例もじっさいあるのだが、いつも「格差・貧困」や「民衆層の子どもたち」を、特別にとり出して意識化したとは限らない。というのは、公立学校の教室には、その地域でのほとんどの層の子どもたちが来ているので、その中の「ある層の子どもたちだけ」を特別視することは、むしろ好ましくない場合があるからである。[7]だから学校や教室での教育実践ではむしろ「どの子にも豊かな学力を」とか「落ちこぼれを出さない」という、一見、階級・階層問題が前面に出ない、皆に平等な教育を実現するという目標を掲げる場合のほうが多いだろう。だとするとたまたま「教育実践の〈ことば〉が階級・階層問題を明示化していない」ことでもって、その実践が「階級・階層の問題に無自覚だ」と判断するのは早計だということになる。本当に無自覚な場合もあるわけだが、そうなのかどうかの判断には実践の具体的分析が必要になる。[8]

いずれにせよ、日本の教員文化の中に生まれた「教育実践」志向には、強く意識化される場合や明示化されない場合を含みつつ、いつでも「階級・階層の格差」問題へのとり組みという一つの方向性への可能性やその現実の姿

第 10 章　日本の教師たちが持つ「教育実践」志向　175

があったに違いないと考える。[9]

3　実践志向を持つ教員文化の内部にはらむ二重性

(1)　教員文化内に「よき家族」方向と「格差・貧困」克服方向と
──二重性その1

　前節のようにいうと、まるで日本の教員文化の中で、実践志向や「格差・貧困」克服方向が中心であったように思われるかもしれないが、教員文化は決して一枚岩ではないし、また実践志向が支配的とも限らない。

　確かに、前節で述べてきた「教師たちの中に生まれる実践志向」における「民衆の子どもたちを受け入れる学校・教室に」という方向性は、教員文化の中に、教員たちのある種の「好み」として存在する。たとえば、「いたずら好きの子どもに、教師としてとても教えられた」、「困難校でいろんな子どもに出会って、その子どものおかげで自分は教師として成長した」、「いろんな子どもがいて、学校にドラマがある」といった実践家の言説はいくらでもある。そのような子どもの存在を大事にし、そういう子どもたちとの交流の幅に、教師としての成長や喜びを見るという立場がそこに表明されている。

　しかし教師層の「好み」でいえば、その対極の側面も根強くあるだろう。教師の仕事は、苦労が多い割りには報いの少ないものである。それで、自分が教えたことがよくわかってテストでもよくできる子ども、教師が望む行いをよく理解してそれに素直に従う子どもはその存在自身が、難しい仕事に取り組む教師にとって一つの「報酬」という面がある。教室にそのような「わかりのいい」子どもがいるだけで救われるという経験が何度もあることになる。そういう子どもは中流層に多く、その親・家族も学校からの依頼をよく理解してこれに協力するということもあって、教師たちの中には「よき家

族・素直な子ども」を好むという志向がうまれるということがある。教師層自身も中流出身が多く、教師としての社会的位置も中流層に属することから、階級・階層的なハビトゥス（ブルデュー）に親和性があるという点もこれに重なるだろう。この志向は、教師層が持ち易く根強い体質のようなものである。もちろん、学校の外側に、生徒たちの「成績がよい」学校を「よりよい学校」とするような評価基準が強く取り巻いている点も、「よき家族」好みを教師たちに自然に浸透させる力になっているだろう。

　そうだとすると、前節で述べた「実践志向」における「民衆層の子どもを受け入れる学校・教室」という方向は、ただ自然にそこにあるというものではない。それはむしろ、教師たちに体質化した「よき家族」好みの基盤の上に、そうでない家族、そうでない子どもたちとの交流を経験しかれらの期待や必要・要求に応えようとする教育体験を通して「子ども観」において、確実に前進し幅を広げた教師たちの姿の一つであるといえるだろう。

　今日の教師にとって難しいのは、たとえば最近の実践家の記録にみるように、教室に登場する子どもたちの姿に関して、「できる子 ⇔ できない子」、「素直な子 ⇔ やんちゃな子」、「よき家族 ⇔ そうでない家族」という上で述べてきた軸と構図とではとても把握できないような多様性と難しさが示されている点にある[10]（そこには、さまざまの姿の「困難家族」や、一見「よき家族」での子ども・父母の不安・ストレスの高さがある）。

　これは、中堅もベテランも含めた教師層全体が直面する課題であるが、とりわけそのような子どもの登場に初めて出会う新採教師には、戸惑いが大きいだろう。それだけ、1990年代半ば以降の日本社会の閉そく状況と、子育てに携わる親と、子ども・若者自身とを覆う不安感やいら立ちのレベルが高い。子どもは育ちづらく親の子育ても難しい。それだけまた、そういう子どもたちが通学する学校教育はより難しくなっているということになる。

(2) 教師の仕事の個人性と集団性
——二重性その2

　学校現場での教育活動の中心的な担い手は、人数でも専門性でも、じっさいの仕事でも、いうまでもなく「教師たち」である。その教師たちの学校での仕事の性格を考えてみると、一方に「個人性」、他方に「集団性」という一見背反するような性格の重なりの中にあると考える。

①教師の仕事の個人性

　教師は小学校の学級担任や、中・高での教科担任になれば、新採であろうと中堅・ベテランであろうと、誰もが教室では一人で、子どもたち何十人かの前に立つ。近年では「TT」や「支援員」などの「補助つき」という形も出てきているが、基本的に「一人」という性格を変えるほどのものではない。

　教科の授業を進める場面で考えると、前もって「教材研究」をし、あるいは「授業案」を考える際に、同僚教師の知恵を借りることや、何らかの発行物を参考にすることはあるだろう。しかし、授業はどれだけ準備と計画をしても、学ぶのは生徒たちなので、教師の計画通りにことが進むとは限らない。生徒たちのその時々の反応に応じて、その場の即興で授業展開を進めなければならない。その進め方は、どうしてもマニュアル化できない、「授業は生き物」のたとえ通りなのである。

　だから教師は、授業者の面で見ても、毎回そういう仕事に、自分ひとりで立ち向かっていくことになる。そこでは、生徒たちの反応に気を配りそれを見極める「緊張」と、一人ひとりの応答を柔軟に受け止める「余裕」との両方が求められている。そのような「緊張」と「余裕」がともにあって、適切な「即興」的応答も生みだされてくるだろう。

　学級担任になると、授業に加えて「学級づくり」という課題にも向きあうことになる。何十人かいる学級の子どもたちが、学級を一日何時間かの学習

と生活の場として、我慢できる程度には条件づくりするという仕事である。そこには、教師と生徒の関係をどうつくるのかという課題と、生徒たちがつくる学級での集団関係をどのように方向づけるのかという課題とが重なっている。このやっかいでかなり難しい仕事には、教師たちの繰り返された試行錯誤（失敗と成功）の多大な経験・知恵の蓄積があり、それは助けにはなるだろう。しかし、自分にこれまでの経験・知恵や他者や発行物に学んだ知識・知恵がどれだけあっても、自分が担当するその年齢の子どもたちのある人数での集まりは、その年度にその場で生まれるものである。クラス替えのなかった学級の担任になれば、前担任からの引き継ぎは大きな参考にはなるだろうが、年齢・学年も違い、教師も替わっているので、何もかもが前学年と同じとはいかない。学級もまた「生き物」なのである。

　ここでも、学級づくりの「準備・見通し」と「即興の働きかけ」が生きるように、子どもたちの反応に気を配り見極める「緊張」と、そのときその場の（一人ひとりの子どもや集団の）動きを受け止めて応答する「余裕」が、（毎回の授業展開と同様あるいはそれ以上の見通しの中で）必要になっている。

　教師の学校での仕事は、授業の面でも学級づくりの面でも（どれだけ他者の知恵・経験やあれこれの参考物を借りる場合があっても）、詰まるところ教師は、そのときその場で子どもたちの前に、実践者として一人で立ち、一人で見極め、一人で応答しながら、ことがらを進行させる、という課題に直面しているのである。その意味では、教師の仕事は「個人性」のレベルが高いものであり、教師個人としてそれだけ「やりがい」があるものともいえるのである。

②教師たちの仕事の集団性とチーム性

　教師たちの学校の仕事には、①と逆に複数で「チームを組んで」行うものが意外に多いことを、一人の高校教師・宮田正己の論考に教えられた。その論文は高校を事例に説明してあるので、学級担任制の小学校と、教科担任制の中・高では若干違うだろう。しかし読む限り、基本的には変わらない。学んだ点を箇条的に引用ないし整理すると、

第10章　日本の教師たちが持つ「教育実践」志向　179

ⅰ）「学校現場での教師の取り組みはスポーツの試合に似ている。教師がチームをつくり、それぞれのポジションでプレーをする」、そこには「ポジション取りや連係プレー」がある。

ⅱ）「学校という大きなくくりの下に、学年会、分掌会、委員会、教科会という下位のまとまりがあり、その下位集団の下にもっと小さな係分担が」あって、それも複数の教師があたる。

ⅲ）いろんな教師がいるので「教師個人間のパフォーマンスのうまい連携をつくること」が大事になる。

ⅳ）「パフォーマンスの高い教師がいても、そのパフォーマンスが個人にとどまっている限り、そのもたらす結果も個人の範囲にとどまり、その他大勢の生徒にまで影響が広がらない。結果として、生徒たちによる教師の品定めと、パフォーマンスの低いその他大勢の教師を見くびらせる材料づくりになってしまう。」

ⅴ）「人事評価とそれに基づく昇給の差別化」は、「本来複数の教師の協力によって動く学校のはずなのに、自分一人の手柄にしたい教師が出てくる。他の教師と連係をとらないで個人プレーをしようとするから、結果的にミスが出て不効率な学校運営になる。」

現場のベテラン実践家が持つ知恵にふさわしい考察で、学校における教師の仕事の集団性・チーム性、その「機微」が的確に表現されていると思う。実証研究で検証されてはいないが、研究視角として重要な示唆を受けた。

「生徒たちによる教師の品定めと、その他大勢の教師を見くびらせる材料づくり」という箇所は、小学校ではおそらく、「児童とその親たち」による「品定め」と「見くびり」になるだろう。

学校の仕事は、そこに雇われたスタッフ（管理職層、一般教諭、養護教諭、事務・用務職員、など）の全体が、その学校を運営して行く「チーム」となっている。その下に学年会・分掌会・各種委員会・教科会のやりくりや、その下の係があり、それぞれ複数の教師たちのチーム、その連携プレーで成り立っている。学校行事ともなれば全体が力を合わせてとり組む。このように

複数の教師たちの協力が求められる場面が多いので、そのチームとしての雰囲気・チームワーク如何が仕事の成否を左右する。

だとすると、①で「一人で子どもたちの前に」といった日常的教育活動では、確かに個人として試され問われるわけだが、その授業や学級づくり活動でも、学年や教科での相互連携がつねに必要になる。それが「うまい連携」（上の「iii」）になれば、教師たちの交流・サポート・学び合いが生まれる条件にもなるだろう。

(3) 新採教師の困難
——「個人性」と「集団性」との二重性からの再考察

前項で、学校での教師の仕事の性格として「個人性と集団性」に注目したのは、そこに第Ⅰ部第1・2章で議論した、新採教師の今日的困難の新しい姿が見えると考えたからである。

「自分一人で子どもたちの前に立って、授業と学級づくりを進めていく」という個人としての課題は、自分が小・中・高の生徒だったときは見えない領域である。大学の教職課程学生としての「教育実習」の場合でも、すでにつくられた学級・授業に「若い半人前の事実上のゲスト・ティーチャー」として登場した経験なので、採用されてじっさいに自分一人で最初から担う課題は、それとはまるで違う重さだろう。だからまず「個人性」の点で、新採教師は大きな課題を抱える。

しかし、学校・学年・教科のチームとしての連携がうまく働けば、この若い新採教師の個性を生かし、その経験不足と試行錯誤は、チームの中で補いサポートして、互いに支え合い学び合うような「チームワーク」の中に、新採教師もうまくポジションを持つことも可能になるだろう。

ところが上の「iv・v」にあるように、その新人の経験不足・つまずきは、たとえば同学年の学級担任間で、あるいは同じ教科担任間での比較の対象にもなる。たとえば「自分の教師としての成績・評価」にこだわる学年主任で

第10章　日本の教師たちが持つ「教育実践」志向　181

あれば、同じ学年内で「自分のクラスはいいが、あなたのクラスは落ち着かない・授業も遅れている」、そして「あなたのクラスでいろんな問題が起こり、父母からも苦情が来るので、うちの学年の評価が下がる」という眼差しで見て、ひどい場合は新採教師を直接攻撃するケースもある。[14]攻撃しないまでも、管理層や先輩教師があれこれと「指導」や「アドバイス」のつもりで指示したり助言したりすることが、支えやサポートにならずに、新採教師には「自分に対する否定のメッセージ」となってしまう場合もある。子どもや父母に「低く品定め・見くびり」された上に、同僚教師たちからも「否定」されては、学校内に立つ瀬がない。

第Ⅰ部第2章でも紹介した自殺に追い込まれたケースと、1年目を乗り切ったケースとを比較した考察では、最初に「個人性」の所でつまずく点はほぼ共通であった。(ア)そこに「集団性」が攻撃的にかぶさってきて追いつめられるのか、それとも学校の「集団性・チーム性」が連携的なサポートとして働くのかに、一つの分かれ道があった。(イ)もう一つの分かれ道は、たとえ職場内で孤立しても、学校外にとりわけ同じような状況にいる若い教師たちのサークルがあって、それが自助グループ的にサポートし合う場になる、「そういうつながりを持てたか、持てなかったか」だった。

職場の内外で教員社会のサポートの働きが機能した場合には、たとえ当初「個人性」の面でつまずいても、授業や学級づくりに必要な「緊張と余裕」の実践的発揮の仕方へのきっかけをどこかで自らつかみ、つまずきの始まりである子どもとの関係づくりや授業の点で、確かな前進的関係を生み出している。[15]それをきっかけに父母の評判も変化し、また校内の「集団性」の面での連携でもチーム内の確実なポジション取りを果たすようになっている。

そうだとすると、今日の新採教師の困難は、学校での教師の仕事、その「個人性と集団性」との今日的重なり方という問題があり、それに加えて一つの学校という枠を越えた「地域教員社会に、教師が孤立・自己否定・自責に追いつめられるのを防ぐようなサポート・ネットワークがどのように存在し働くのか」という視点をも提起している、といえるだろう。

その意味では、日本の教員文化が新人教師の困難にどのように対処し、その教師をいっそう追い詰めるのか、逆にサポートしてその教師としての成長を助けるのかを左右する焦点に、教師の仕事の「個人性」と「集団性」という二重の性格が、教員文化の中に文化要素としてどう位置付き、全体としてどう編成されるのかという課題があることになる。この日本の教員文化の今日的再編成課題については、本書第12章でもう一度考えたい。

注

(1)　この項については、久冨「学校という制度と時間・空間」（久冨・長谷川裕編『教育社会学』学文社、2008年）でやや詳細に論じている。本項は、上記論文との重なりがある点をお許しいただきたい。

(2)　梅根悟『世界教育史』（光文社、1955年）を参照。

(3)　とはいっても、高額の授業料を要する私立学校が公立学校とは別に特権的なコースになる場合や、「中等学校以上は男女別学が当たり前の時代もあった」など、近代学校の業績主義にはつねに属性主義が浸透する余地がある。

(4)　「2―(1)」は、久冨「なぜ学校に通うのか」（田中孝彦・藤田和也・教育科学研究会編『現実と向きあう教育学』大月書店、2010年、19章）と一部論旨が重なる部分があることをお許しいただきたい。

(5)　「2―(2)」は、久冨「格差・貧困と教育実践・教育目標」（教育目標・評価学会20周年記念出版『教育目標・評価研究の課題と展望』上巻、日本標準、2010年）と一部論旨の重なる部分があることをお許しいただきたい。

(6)　『村山俊太郎　生活綴方と教師の仕事』（村山士郎編集代表、桐書房、2004年）を参照。

(7)　高口明久編著『養護施設入園児童の教育と進路』（多賀出版、1993年）は、養護施設入園児童についての学校での配慮の点で、この問題を検討した労作である。

第10章　日本の教師たちが持つ「教育実践」志向　183

(8) 1990 年代から、「日本の民間教育運動には階級・階層的視点が欠けていた」という議論が黒崎勲や苅谷剛彦などから盛んに出された。たとえば、黒崎勲『現代日本の教育と能力主義』（岩波書店、1995 年）や苅谷剛彦『階層化日本の教育危機』（有信堂高文社、2001 年）などにこうした議論が典型的に展開されている。それらはここに述べたような「早計な判断」であったと筆者は当時から考えていた。

　　今日では、教育社会学の世界でも違った方向からの議論がある。たとえば、小澤浩明「『再生産』とペダゴジー：B・バーンスティンと P・ブルデューとの対話」（久冨、小澤浩明、山田哲也、松田洋介編『ペダゴジーの社会学：バーンスティン理論とその射程』学文社、2013 年）は、ブルデューとバーンスティンの「階級・階層と教育」に関する理論を「対話」という形で統合して、「格差を拡大させない（＝できれば縮小する）」教育のあり方を追求する好論文である。

(9) 前注(5)の久冨稿では、岸本裕史に始まる戦後の関西を中心とする「学力保障」の実践系統を検討している。また、教育目標・評価学会の研究グループとして、「戦後日本の民間教育実践における『目標・評価』の検討：教育実践に立ち現れる階級・階層的不平等への取り組みに焦点を当てて」という研究にとり組んだ。ただし後者は、その成果をまだ刊行できていない（学会での報告、発表は何度も行っているが）。

(10) たとえば、山﨑隆夫『希望を生みだす教室』（旬報社、2009 年）。また大河未来「『弱くなっている私』が若い父母と紡いだ一年間」（『教育』2009 年 5 月号特集 II：親たちに向けるまなざし）などを参照。

(11) 「教師・生徒関係」の難しさと、その点で教師を支える要素については、長谷川裕「教師と生徒の関係はどのようなものか」（久冨・長谷川裕編『教育社会学』学文社、2008 年）が参考になる。

(12) 教職を、教師たちの圧倒的多数が「やりがいのある仕事」と捉えている点については、前章表 9―2 の 5 か国教師比較調査結果を参照。

(13) 宮田正己「職場の同僚とどうつきあうか」、田中孝彦・藤田和也・教育科学研究会編『現実と向きあう教育学』（大月書店、2010 年）pp.144-152。

(14) たとえば、第 I 部第 1 章で紹介した静岡磐田市で起こった新採教師・木村

184　第Ⅲ部　　日本の教師たちのアイデンティティと希望

百合子さんの焼身自殺事件では、「お前は問題ばかり起こしやがって」、「給料もらってるんだろう、アルバイトじゃないんだぞ。ちゃんと働け」といった同僚先輩からのひどい言葉を受けていた。

⑮　たとえば、前出の久冨・佐藤博編『新採教師はなぜ追いつめられたか』の「Ⅱ［手記］新任教師・試練の日々からの出発」に掲載の３人の手記などを参照されたい。そこには、若い教師が困難・苦悩のなかでも、同世代や先輩教師との交流のなかで、困難を直視しそれを乗り越えていくみずみずしい教師の感性とその確実な成長が感じられる。また日本の教師の「教育実践志向」が若い教師たちにも脈々と受け継がれていることが実感できる。これらのことは第Ⅰ部第２章注(4)にあげた数多くの今日的な「若手教師の手記」を読む者が共通に感じることであると私は思う。

〔追記〕

本章「2(1)」の冒頭近くでは、「教育実践」という「言葉の起源はここでの関心ではない」と書いたが、じつはそれ（言葉の起源）について、筆者にとっては「恩師」の一人ともいえる中内敏夫氏（教育の社会史、生活綴方研究、教育学論、教育目標・評価論、などが専門）が、筆者に「1920〜30年代の生活綴方教師たちが創造・発明した概念だ」という趣旨の話をしてくれたことがあった。

筆者が本書執筆中に、「教育実践」に関して言及の多い斎藤浩志氏、坂元忠芳氏の著作・論文に眼を通していたとき、生活綴方教師・佐々木昂の『北方教育』誌（1933年）掲載の論考に「教育実践」という言葉があること、また、同じく生活綴方実践家であり理論家でもあった村山俊太郎の『教育・国語教育』誌（1936年）掲載の論考に「教育の実践」という言葉があることを、所属大学の図書館所蔵の「復刻版」で確認できた。

この言葉が「どういう背景や状況、実践・運動のなかで、いかなる志向や意味づけを担って創造＝発明されたのか」については、研究仲間たちと協同で、追究したいと考えている。

第10章　日本の教師たちが持つ「教育実践」志向　185

第11章　教師の教育活動が教育実践として生きて 作用するために

1　教育実践を成立させる基本姿勢・実践手法に関して

(1)　教育実践を成立させる基本的な姿勢

　日本の教師たちが「教育実践」への志向を持っているという点は、前章で論じた。だが志向だけでは、教師の教育的活動が「教育実践」として生きて働くかどうかを考える上では、まだ十分ではない。本章では、教育活動が教育実践であるための要素とその働きについて考えたい。それは、今日まで数ある日本の教師たちの教育実践とその記録として財産として残されており、かつ今日もまた日本の教師たちの教員文化のなかで再生産されているといえよう。

　その点では、前章冒頭近くで述べたように、教師が子どもに向きあう基本的姿勢として子どもの「必要・要求」を教師に対する「呼びかけ」と受け止めて、それに応える「応答性（response）」を持つ点が、何より第一に重要になると考える。それは、教師が子どもにとって母親・父親・養育者のように信頼され、子どもたちも教師との関係で安心できる基盤を創るものである。

　第二に大切だと思われるのは、教師の子どもたちへの根底的な信頼である。「どの子も初めから悪い子はいない」「どの子も勉強がわかって成長したいとの願いを持っている」「どの子も学校でみんなと仲良く過ごしたいと思って

いる」という、ほとんどの教育実践記録に通底音として流れている、子ども
への根底的な信頼は、教師・子ども関係が形成され、そこで教育実践が生き
て働く要因になっていると思う。また、それは有名なビゴツキーの言う「最
近接領域」、つまり子どもの成長・発達の現状からの「一歩先」を教師が期
待し見守る視線となって、子どもたちを励ますだろう。それを筆者は、教育
実践家たちの持つ〈「子ども成長」民主主義〉と名付けたいと思っている。[3]

　第三に大事な姿勢は「子どもたちを一人の人間として尊重する」ことだと
思う。子どもたちはどの子も「自分の願い・考え」を持ち、かつ学校での教
師・生徒関係だけではない、多様な社会関係のなかに生きて生活・成長して
いる。この点は当然のようだが、意外とそうでなくて、教師の思いや指示を
子どもに押し付ける学校や教師もあとを絶たない。「子どもの権利条約」に
もある通り、「子ども自身が人権の主体」であり、大人・教師と同様に一人
の人間として、その考えも要求も願いも、またその子どもなりの人間関係、
社会関係も持っている存在であることを前提として承認することが、実践的
な教師・生徒関係を展開していく条件になると考える。

(2)　教育実践における働きかけのやり方として

　しかし「基本姿勢」だけで実践が進むわけではない。そこには日本の教師
たちが長い間工夫してきた「子ども（たち）に対する働きかけ」のやり方と[4]
いうものがあると考える。そこには、筆者の諸実践記録の読み込みからは、
以下の４点があるように思われる。

　①現象学でいう「エポケー（epoche）＝判断停止」がそこにある：子ど
もの行為・発言に対して、それが問題あるものであったとしても、直ちに、
つまり反射的に「善悪判断」をすることをとりあえずは控えるやり方である。
このことは、その子どもの行為・発言の背後にある（いまはまだ見えていな
い）本当の思いや願いに、教師が思いを馳せ、それをじっくり聞き取って適
切な対処を考えたり、相談したりする余裕を教師に与えることになる。それ

第11章　教師の教育活動が教育実践として生きて作用するために　187

はまた、子どもたちの行為・言葉の一環でもある「テストの解答」や「作文」などの読み取りにおける、教師の余裕ある、また子どもに理解ある判断・反応を可能にするものであると考える。

②子どもの表情・様子・行為・言葉に対する「読み取り理論」が働いている：①と重なるが、より広く子どもの表情・様子・行為・言葉に対して、実践家教師には「どうしてそのようなことを」と、その背後にある本当の気持ちや願いを読み取ろうとしていると思うのである(5)。そこには英語の文献に出てくる「読み取り理論（reading theory）」が働いていると思う。もちろん、いったんの読み取りが正しいかどうか、深いかどうかは、常にそれに続く応答関係のなかで確かめられ、反省もされながらより深められて行くものであろう。また、子ども自身にとっても「自分の気持ちを本当によくわかってくれる先生」という信頼感を形成する要点にもなるものだと思う。

③文化（各教科の背後にある学問・芸術・スポーツ）の世界との出会いをつくる：これは教科・教材の内容に関わることで、当たり前といえばそれまでのことだが、テストの点数や受験成績などが重視されてくると意外にも忘れられてしまうことである。つまり、各教科がテストの点数を取る対象になってしまうと、それらが元来持っていた文化としての価値や内容の大事さが見えなくなってしまうのである（それは、「教育的価値への本質的無関心」と呼べるだろう）。各教科にはそれぞれその背後に学問や芸術やスポーツや生活・労働があるわけだが、そのような文化世界へと、子どもたちの世界を拓いていくことが教科授業の目的である。授業のなかで子どもたちがそのような文化世界を感じられるならば、教室には空間的に狭く詰め込まれていても、そこに時空間として広い世界に開かれていく自分というものを実感することができるだろう(6)。また、場合によっては「その文化領域の新たな創造的担い手に」という願いや希望を子どもたちに抱かせる可能性の場にもなると考える。

④生活・地域・社会の歴史的・現実的課題とそれに向きあう人々との出会いをつくる：この点は、③と重なる面もあるが、文化内容や教材よりも「人」との出会いをセットすることで、生活や地域・社会の課題とよりリア

ルに出会わせるというやり方である。子どもたちにとっては、ある問題に苦しんでいる人、またそれを支援している人との出会いを通じて、問題の実際・その事態の深刻さ、そしてその克服・解決へ努力している人の姿を通して社会問題を実感するわけである。こうした出会いを通じて、子どもたちは社会のことをより身近に捉えるとともに、それに負けないで生きている（あるいは）支援している人の存在を通して、社会そのものへのある種の「信頼」と「希望」、それは、「たとえ、いまの状況は困難で大変でも、そこでその困難に直接向きあってこんなに生き生きと活動している人がいて、その活動が広がり社会に浸透していって、この社会がここから変わっていくことができるのだ」という「信頼」と「希望」、それらを学ぶことになる、という点で、非常に有効なやり方だと思う。もちろんそのためには、教師自身が問題を学習し、あるいは問題に関わり、そのネットワークにアクセスする位置にあることが必要になるだろう。⁽⁷⁾

2　教師たちの教育実践とその志向を支えるものとして

第10・11章で述べてきた「教育実践への志向」と「教育実践活動」とを今日支えるものとして、以下の3点を考えたい。

(1)　子ども・保護者との対話と教師の自己反省性

教師はもちろん子どもたちと対話する、保護者とも対話するわけで、その対話を通じて信頼関係を形成することが、なかなか難しい点は第Ⅱ部第6章でも述べた。しかし、今日この点での対話関係と信頼形成が教師にとって従来以上に重要になっている。この点については、章を改めて次章で再論することにしたい。

ところで、教師は子ども・保護者と対話するだけでなく、同時にいつも自分とも対話している存在である。つまり「いまの授業で子どもたちはどこまでわかったのか」「自分の教材・教具の選び方や授業の進め方・発問・応答は適切だったのか」といつも自分に問いかけ、問い直している。つまり「教科指導」「学級づくり」での反省・再考察を繰り返しながら、その先のあり方を考えている。そうやって、自分が少しでも前進・成長していることを感じ取ることで、第Ⅱ部第6章で述べた教師の難問の一つである「能力課題（competence theme：自分に教師としての力量があるのかどうかを確認しづらい）」を乗り越えて「自分への信頼」を、過信ではなく確実な毎日の実践成果として確保することになるだろう。

　これは、一人ひとりの教師人生のなかでの成長ということにつながってもくるだろう。たとえば、吉益敏文「子どもの前に立ち続けること：悩み、迷い、考え、現場で教師として生きる⁽⁸⁾」というあるベテラン教師の教師人生に関する記述では、一方でいろんな教育実践との出会いも語られているが、子どもとうまくいった、あるいはうまくいかなかったケースも率直に語られている。それらを通じて教師として歩み続けてきた過程、そこでの自己反省の繰り返しがこの教師の、教師としての成長につながっていることがよく伝わってくるのである。

(2) 教師仲間との対話と信頼関係形成
──「教師の同僚性」という言葉は使わない

　第10章で、教師の仕事の「個人性と集団性」について述べたが、「集団性」の問題は教育という仕事の性格だけではなくて、教師を支えるという意味でも大きなものがある。それはどの教師にとっても大事な支えとなるものだが、第Ⅰ部第4章でも触れたように「教員人事考課」が浸透・支配している現代日本の学校職場では、職場内の集団性だけに視野を狭めることはできない。じっさい、一連の若手教師の手記などを見る限りで、若い教師にとっ

ての「専門職仲間（colleague）」ないし「仲間関係（collegiality）」は、今日ではほとんど一つの学校を越えてその職場外につくられた「若手教師だけの会」や「ベテラン教師を（アドバイザー的に）含んだ若手教師中心の会」、また「組合とか民間サークル・実践団体の中の若手教師を中心とする集まり」になっている。

　これらから少なくともいえることは、教師にとっての「専門職仲間」は、同一職場に限られないという点である。同じ職場にいる場合もあるかも知れない。しかし、別の職場やサークルや組合、大学時代からの友人関係など、その職場の外にある場合のほうが今日では多いのではないだろうか。そこに、今日の若い教師を支えるつながり、あるいは若い教師たち主体の支え合うつながりがあって、そこで新採教師や若手教師がつまずいた状況を率直に出し合い、「苦しんでいるのは自分だけじゃない（I'm not alone in suffering）」と救われたり、自分の苦闘と悩みとを受け止めてもらったり、職場で受けた「管理職や先輩同僚からの叱責」が「じつは不合理なもの」と気がついて自責感から解放されたり、他の人の経験に学んだり、対処への適切なアドバイスをもらったりする。そういう過程で、意識／無意識に、「子どもに対する見方や対処」についても新たに広がった視野を持てたりもしている。あるいは「クレームを寄せる親」についての新しい理解も開けたりしている。それは他に代えがたい専門職仲間の集まり・関係になっている。これがまさに、若い教師たちの専門職仲間性（collegiality）そのものだと思う。

　ところで、何年か前から「教師の同僚性」という言葉をよく見聞きするようになった。Google で「"教師の同僚性"」と入れて検索すると約2330件のページがあると出たので一定の広がりがあることは間違いない。「同僚性」はおそらく 'collegiality' という英語の訳だと思われるが、誰が使いだしたのだろうか？　日本語の「同僚」には、「同じ職場で働く人」という含意が強いが、その意味の英語は、workmate や co-worker で、colleague は、「同一の専門的職業者の目標を共にする仲間」を指している。つまりそこに「同一職場」という意味はほとんどない。したがって collegiality も第一に「同一

第11章　教師の教育活動が教育実践として生きて作用するために　191

専門職の間の仲間関係・仲間性」を意味する言葉である。筆者はかねてより、(9)「教師の同僚性」という日本語の今日的使われ方は、次のような意味で「まずい」と考えるので使わないようにしてきた。

「教師の同僚性」や「同僚性の回復」という日本語は、同じ職場の教師たちが「もともと信頼ある仲間関係だった」、「そういう関係であるのが本来のあり方」、「そうでないのはおかしい」という美化されたイメージと価値観を強く喚起する言葉になっている。そもそもそういうものだろうか？ 同じ学校職場の中には昔から対立もあり、考え方の開きもあって、さまざまの教師グループもある。もちろん、同じ職場にそういう心許せる本物の仲間関係の広がりがあればとても望ましいことだが。むしろ第Ⅰ部の悲惨なケースで見たように、管理職も含めた教師同僚たちの職場での関係が、教員評価制度の浸透・支配もあって、学校職場関係の「悪質化」へ誘う力も強く働いている。元来が美化はできない、つまり職場の教師関係がどこでも「いいことずくめ」ということは原理的にあり得ない。新人教師がある職場やその教員文化になじむ過程は、いつの時代も〈成長〉の面と〈堕落〉の面とを含んで展開するものである。人生はそういう「まだら」の中にあって、肯定的な質をどれだけ広げられるかと苦闘し、ある時期には否定へと追いやる力も強いというのが、ことがらのリアルだと考える。

「同僚性」という言葉がまずいと考えるもう一点は、職場外のサークルでの「悩みや愚痴のこぼし合い」から始まる「今日的に広がる、職場外の教師仲間関係（collegiality）の姿」を一段低いものと見て、「同僚」という言葉に込められた一つの学校職場での仲間関係のほうを特権化する点である。かつてよく使われた「職場づくり」・「職場集団づくり」・「教師集団づくり」という言葉は、「同僚性」という用語とよく似てはいる。しかし「職場づくり」等は、それがない所、不十分な所に、どういう質の教職員集団の形成をめざすのかという実践的・展望的な視角を持っていた。それは、「美化すべき職場関係が元来存在していた」とは考えない運動的な言葉である。「同僚性の回復」という言葉は、「元来の学校職場」の無前提の美化作用だけでなく、

192　第Ⅲ部　日本の教師たちのアイデンティティと希望

今日の「教師を支える仲間関係づくり」の方向性について職場内を特権化し、視野をそこに集中ないし限定する作用を持つ点でもまずいと考える。

　それでも、職場集団でも同僚関係でもいいが、どんなにそれを悪質化へと向かわす力が働く現状の中でも、最低このくらいの「相互サポートは工夫し合意して」、たとえば「（クレームを言う）保護者には、担任を一人にしない、そういう場合は管理職でも、他の同僚でも『最低二人で』と確認」して、教師間の連携と生き残りと乗り切りを確保することは、大事な知恵だと思う。

　いずれにせよ、学校内外での教師仲間の支えが、教師の実践志向と教育実践の展開に不可欠であることは間違いないだろう。

(3)　社会（法曹界やマスコミ）における、教師の今日的難しさと苦労・努力への理解

　学校や教師が社会的存在である以上、その活動の効果的実践を支えるものとして、社会の諸領域における教師の教育活動・教育実践に対する理解や支援というものが必要になるだろう。じっさい、第Ⅰ部第1・第3章でも見たが、裁判所の「教師の困難」に関する理解は、教育行政や学校現場よりもむしろ進んでいるともいうことができるものである。このような法曹界での理解の前進は、その後も教師の被災事件に関する「勝利判決」が続く状況にも示されている[11]。

　マスコミも、1980 〜 2010 年の 30 年間は、学校・教師バッシングが主流であったが、このところ数年間では「教師の労働時間の国際的にも異常な長さ」や「ブラック部活」などに注目が集まり、また文部科学省があれこれの新しい教育施策を打ち出しても、それにはいつも「これ以上、教師たちが大変な状況になっては、逆効果ではないか？」という反応や論調がつねにつきまとうということがあって、教師の大変さについての理解は徐々に進んでいると考えて間違いないだろう。

　教師層としては、この状況に満足することなく、それを教育実践に取り組

む学校現場の風土として、そして可能ならば新たな「学校文化」として、教育界で共同形成し定着させていくことが課題となっているだろう。そして、それをさらに日本社会の「当たり前」として広げていく課題がある。ただし、その際には日本社会全体の中で、教師層と同様に、あるいはもっと切実で困難な状況に置かれている他の多くの人々がいることを認識し、その人たちやそれを支援するとり組みと共感・共同することが重要で、それなしでは「教師層だけに閉鎖」されて、社会的広がりを持てなくなるだろう。

3 教科研は「教師の困難」にどうとり組んだのか ——教科研「教師部会」「教師の危機と希望分科会」の歩み[12]

本章「1」「2」を通して、教師がとり組む「教育実践」という営みが成立するためには、教師個々人にどのような「姿勢」や「実践手法」がそこに求められるのか、その教師たちの「教育実践」とそれへの「志向」を支えるものが何なのか、というテーマに言及してきた。本章の末尾の「3」として、筆者自身が参加してとり組んできた、日本の民間教育研究運動団体の一つとしての「教育科学研究会（略称：教科研）」において、この教師たちの直面する諸困難のなかでも、なお「教育実践」とそれへの「志向」を支え励ますような活動にどのようにとり組んだのかを、それの一つのケースとして紹介しながら、その活動のなかにあったものがどういう性格を持つものだったのかを若干分析的に考察することで、本章のまとめとしたい。

(1) 教師層自身の困難に着目したこの15年余

教科研の部会・分科会は、およそ教育という仕事のそれぞれの領域やそこに存在する課題・問題に対応して形成されてきたように思う。

「教師特設分科会」が初めて開かれたのは1998年大会、「教師部会」結成

194 第Ⅲ部 日本の教師たちのアイデンティティと希望

は 2002 年秋、「教師の危機と希望」分科会が常設になったのは 2007 年大会である。この 15 年余の過程には何があったのか。そこには、教師がとり組む教育の仕事や子ども・親に困難や課題があるだけではなく、学校教育の仕事の主要な担い手主体である教師たちの、その存在や生き方自身の困難や危機が深まっているという状況認識があっただろう。つまりその意味で「教師問題」がいまや日本における一つの重大な社会問題・教育問題となっており、その問題性格の分析や緩和・解決方策の検討が大事な課題になっている、という時代認識がそこにあったと思う。それが基盤にあったので、教科研の従来からの部会、分科会とはやや違って、教師自身をそのままテーマとする「部会」や「分科会」として立ち上げられ、とり組まれてきたのである。

　本節では、15 年余のこの過程に中心的にかかわってきた教科研メンバーの一人として、教科研のこの問題へのとり組みを振り返り、そこに今につながる課題の意味を浮かび上がらせようという試みである。

(2)　教科研大会での分科会のテーマと歩み

　①特設分科会・常設分科会の開設とテーマ：教師の困難自身を焦点とする「教師特設分科会」は教科研大会で 6 回ほど次のテーマで開かれている（特設分科会 6 回中の後半 4 回にはテーマに副題があるが、煩雑を避けて省略した。）。

　1998 年（於、東京・法政大）：テーマ「教師の苦悩・教師の喜び」

　1999 年（於、滋賀・近江八幡）：テーマ「教師のつらさ・教師の楽しさ」

　2002 年（於、東京・一橋大）：テーマ「『改革』情勢の中、子どもと生きる
　　　　　　　　　　　　　　　　　　　　教師」

　2003 年（於、神奈川・法政二高）：テーマ「教師が教師であるために」

　2005 年（於、東京・大東文化大）：テーマ「教師の苦悩と希望」

　2006 年（於、埼玉・東京国際大）：テーマ「教師の危機と希望」

　翌年から常設「教師の危機と希望」分科会が認められ、およそ 15 ～ 17 ある常設分科会の（毎年）末尾に並ぶ。各年のテーマは以下の通り。

2007 年（於、東京・和光大）：テーマ「『苦悩』のなかから取り戻す、教師の『勇気と希望』」

2008 年（於、京都・立命館大）：テーマ「つながりの中で教師が生きる勇気をとり戻す」

2009 年（於、神奈川・旭丘高）：テーマ「教師にとって支えあう仲間って何だろう」

2010 年（於、北海道・釧路）：テーマ「教師の仕事の今日的難しさとそれを支えるもの」

2011 年（於、東京・法政大）：テーマ「逆境のなかに教師再生の回路を探る」

2012 年（於、東京・法政大）：テーマ「いま、教師であることの過酷と魅力」

2013 年（於、大阪・英真学園高）：テーマ「対話とつながりのなかに教師の希望を探る」

2014 年（於、東京・法政大）：テーマ「いま人間として教師を生きるために」

2015 年（於、長野・松本大）：テーマ「いま、教育の自由を考え、求める共同を」

2016 年（於、東京・大東文化大）：テーマ「教室も職員室もブラックでいいの？」

②毎回重視してきた分科会の焦点、およそ5つ：特設6回・常設10回の分科会では、そのテーマにもある程度表現されているが、およそ次の5点を報告・発言・議論の課題焦点として重視してきた。

(a) 全国・各地域の教員政策の現実、それが教師をどのように苦しめているか（統計や事件を含めて）。

(b) 参加者一人ひとりが学校現場で直面する現実、そこでどう悩み苦しみ生きているかを発言する。

(c) とりわけ、若い教師たちが直面している学校の実態を報告・発言で出

し合って共有・共感する。

(d) 中堅・ベテラン教師もまた学級崩壊をはじめ、いくつもの困難のなかにある点を率直に出し合う。

(e) そのような困難・苦悩のなかでも存在する教師としてのやりがい・喜び・希望を語り合い、それを生み出し支える子ども観や教育実践を考える。

③教師分科会に生まれた独特の雰囲気の質：特に上の(b)～(d)が出しあわれる時間帯には、他の場ではあまり経験しなかった独特の空気（＝雰囲気）が創出されたように思う。それは「自助グループ（self-help group）」論でいわれる「同じような悩みを抱える者たちが集まってその苦しみ・大変さを語り合うことで『悩んでいるのは自分一人ではない（I'm not alone in suffering）』と実感する、それで現実がすぐに変わるわけではないがそれでもとても救われ、気持ちが軽くなる」というような雰囲気であった。

じっさい分科会のその時間帯に語られていることはほとんど苦しいことばかりなのに、その場の空気がとても柔らかくなり、具体的な現実変革展望は必ずしも見えていないのに「何か希望への期待と静かな勇気が湧く」ようなそういう不思議な雰囲気であった。また語りの場面で、話者が言葉を詰まらせて涙を流すことも幾度かあったが、それはその発言者に対する周りからの共有・共感とそれに伴う柔らかな空気をかもし出すことになった。

この分科会に存在意義があったとすれば、それは政策批判・現状分析や実践的知恵・展望も重要だっただろうが、上のような柔らかな共有・共感の時間・空間を、悩める教師たちが自分たちの率直な報告・発言・応答を通じて創り出したことが一番大きかったと思う。じっさいこの分科会にはリピーターが多く、また常設化以降の各年では参加者人数が諸分科会中でも多く、この分科会を基点に若手教師たちの仲間関係が地域を越えて広がるなどの産物も生まれたのである。

④分科会の「あり方・雰囲気」への批判・非難を超えて：上のような分科会の雰囲気に対して、参加者全員が同じように感じたかどうかはわからない。

そこに不信や不満を持った人もいただろうし、そういう人は再度参加することなく離れただろう。そういう不満足が分科会運営に対する「批判・非難」として公然化したことも3度くらいある。

2006年の埼玉・東京国際大での大会で、この分科会に参加した一人の大学院生は、大会の「おわりの集い」登壇者として「教師の危機と希望」分科会を評して「涙を流して訴えている人の発言を司会者が聞き流して取り上げなかったのはおかしい」「『希望』に期待したが、希望は見えなかった」と批判し、「おわりの集い」の場では分科会世話人としての筆者の説明も弁明も反論もその機会が許されなかった。筆者は世話人の一人として「おわりの集いでの彼の発言が片寄っていること、分科会の意義や雰囲気に対する無理解があること」を記述して分科会世話人に回し了解を得た上で、大会の「分科会記録」にその反論を組み込んだ。[16]

2003年京都・立命館大での大会における、ある退職教師参加者は、若い教師による「若い教師たちの職場を越えた地域での集まり、そこでの悩みの語り合いと励ましや相互のアドバイス」の報告に対して、「職場づくりをこそ目指すべきで、報告は職場外の集まりでお互いの傷をなめ合っているだけだ。そのようなとり組みは、教科研の大会方針違反である」と厳しく批判し、自分の世代が組合で職場づくりにどれだけ勇敢に努力したかを滔々と説教するかのように語った。分科会世話人と別の参加者とは「いまの学校現場状況では、学校外に若い教師中心の集まりを組織することもとても意義深く、それがむしろ新しい民主主義のあり方だ」という趣旨の発言をして、その退職教師の発言を重視する進め方をしなかった。大会後にその人から「分科会運営が不公正だ」という数ページの抗議文が教科研委員長あてに届き、当時の分科会責任者だった私に回ってきた。それを在京の分科会世話人の何人かに見せて「これ以上議論しても了解は難しい」と判断し、結局そのままにしてしまった。

2013年大阪大会の参加者の一人が、若い教師の実践報告に「子ども観がなっていない」と打撃的批判を総括討論で発言するということがあった。そ

198 第Ⅲ部 日本の教師たちのアイデンティティと希望

の場でのすぐの反論が難しく、結局その若い教師の信頼する分科会世話人（ベテラン教師）が分科会終了後に、報告した若い教師と話をし、報告の意義を再確認して慰めるという対処になった。その後、世話人間で相談して「この分科会では、悩みも出され、自分の失敗や未熟さも率直に出される。失敗も未熟さもそこから成長していく魅力ある基盤なので、それに対する『あまりに打撃的批判』はできれば控えよう」と、次年度からは分科会冒頭に世話人から話す、という確認をした。

公然化は記憶の限り上の３件だが、これ以外にも参加者のなかにいろんな不満・不信はあったに違いないだろう。だから分科会の15年余を単純に美化することはできないわけだが、ただそうした誤解・非難も受けながら、一定の存在意義を発揮してきたとはいえると思う。

(3) 教科研「教師部会」としてのとり組みのいくつか

① 2002 年秋の教科研「教師部会」結成から：筆者の記憶では、2002 年の教科研一橋大・大会の教師特設分科会での報告・議論・まとめに、先に述べた本分科会の雰囲気とその存在意義がかなり明確になってきたという感じがあり、「教師の困難」問題がいっそう重大化しているとの認識もあって、この特設分科会世話人の連名の形で、教科研常任委員会に「教師部会」結成を提案し、それが承認されたと思う。そこから「教師部会づくりにあなたの参加を」との「呼びかけ」を配った。何人が部会員に登録したのかの記録・記憶がいま不明だが、ともかく「２か月ごとに一度の部会の定例研究会を」というペースで、2002 年 10 月の第 1 回から何度か開いている。

しかし、この定例研究会は断続的にしか行われず、定例的研究会の開催のための報告者募集や場所の確保、案内送付とその記録づくりという必要な作業の大変さを実感した最初の２年間だった。その後、部会事務局担当者が関西に転居したことなどがあって、部会世話人たちは、年１回の大会での「教師の危機と希望」分科会を組織するという分科会世話人活動に終始し、部会

としての独自活動は2004年の途中から休止状態になった。

②新採教師自殺事件と若い教師に特有の困難：それから約5年間は、教師部会としては開店休止状態が続いたが、毎年の大会「教師の危機と希望」分科会では先に述べたような活動を続けていた。

90年代後半から大都市部を中心に教員採用数が増えて、新規採用教師や20歳代の若手教師が大幅に増加した。そして2000年代の半ばからは、埼玉県で、静岡県で、東京都で、また各地の教員養成大学卒業生が、と「新採教師の自殺事件」が次々と起こった。遺族が「自殺は公務災害」との申請を地方公務員災害補償基金（以下、地公災）に提出したケース、そしてそれが地公災の審査会で係争になるケースや地公災の「公務外」処分を不服として裁判に訴えるケースが出てきた（その具体的ケースについては、第Ⅰ部第1章・2章で紹介し検討した）。これら係争化したケースでは、当該教師がうつ病発症から自殺にまで追い詰められる経過が、遺族と事件担当弁護士たちや支援者たちの努力でかなり明らかになってくるということがあった。教科研の「教師の危機と希望」分科会においても、「教師自殺事件を本格的に解明する必要がある」という議論がなされたのが2007・08年だったと記憶する。

これと並行して、新採教師時代（教師1年目）がどれだけ大変だったか、何にどれほど苦しんだかという新人教師たちの報告・手記がいろんな集会や雑誌で盛んに発信されるようになった[17]。

それらの発信の背景には、(i)政策面での教員人事考課制度の全国への広がりと評価結果の賃金への反映や教員免許の10年更新制の実施など教師をターゲットとする制度「改革」の進行があり、(ii)その下で教師の仕事をめぐって（職場の同僚関係を含めて）困難がいっそう重合して、そこで精神性疾患休職者や自殺者が増加するという事態の深刻化、といった2点があったと思う。若い教師からの発信増加は、学校現場と教師の仕事のこのような性格変化を反映したとり組みだったと考えられる。

③教科研・教師部会の活動再開と具体的とり組み：5年間「大会・分科会の組織・運営」以外は休止状態だった教師部会は、雑誌『教育』2009年11

200　第Ⅲ部　　日本の教師たちのアイデンティティと希望

月号の特集１「教師　いまその仕事を悩ませるもの、支えるもの」の編集を
担当した。そしてそれが発行された後の11月１日にこの『教育』特集号の
合評会を、自殺した新採教師２人（東京と静岡）の遺族を迎えて「現代教育
フォーラム：教師の苦悩から再生を求めて」の名称で行った。[18]

　そこでの遺族の発言や参加者の積極的発言に後押しされて、『教育』2009
年11月号の内容とこの教育フォーラムでの発言・議論を素材として、既に
本書で何度も紹介した『新採教師はなぜ追いつめられたのか』（久冨・佐藤
博編、高文研、2010年）を短期間で編集・刊行した。

　この本では、東京都の新宿区・西東京市の二つの新採教師の自殺事件と、
静岡県磐田市での木村百合子さん自殺事件との３事件を取り上げた。また３
人の新人教師の（１年目の大変さとそれを何とかのり切った体験を語る）手記
を『教育』から転載した。さらに前記「現代教育フォーラム」の録音記録か
ら２ケースの遺族の発言と11人の参加者の発言を選んで掲載し、それに編
者のコメント論文、まとめ論文を加えた。また全国に存在する「若い教師た
ちのサークル」の活動と連絡先とを20ほど紹介するコラムを設けた。

　この書物は発行後１か月でたちまち２刷りという私にとっても初めての経
験で、発行後１年余に、新聞や雑誌のインタビュー依頼、また各地の集会で
の講演依頼が、編者２名にはそれぞれ10件を超えてあるというほど反響が
大きかった。

　それは、10年余にわたって分科会・部会でとり組んできた「日本の教師
の困難」の問題が、事態の深刻化とその象徴としての新採教師自殺事件の係
争化による事実解明の進展を経て、ようやく社会的にある承認を受けるに至
ったという思いを持てた教科研・教師部会の活動であった。

　「学校・教師バッシング」が支配的だったマスコミ論調にもこの頃から若
干の変化が見られ、「日本の教師が大変だ」という問題認識も報道の前面に
出るようになった（そのことに新採教師本の刊行がどれだけ寄与したかは確かめ
きれないが）。そして朝日新聞の連載「いま、先生は」（2011年）に教科研教
師部会として情報提供し、またそれへの協力を教科研会員に呼びかけるなど、

第11章　教師の教育活動が教育実践として生きて作用するために　201

積極的に応援した。

　④木村百合子さん事件裁判の支援活動など：静岡県磐田市立小学校教師・木村百合子さんのうつ病発症・自殺事件を、「公務上の問題と考えるか公務外と捉えるか」をめぐって、地公災の「公務外」処分を不服として、遺族は裁判に訴えた（この裁判の過程と争点・判決については第Ⅰ部第1章で検討した）。静岡地裁での審理だけでも第1回口頭弁論から最終弁論・判決まで、2008年9月〜2011年12月まで3年余にわたり、それには教師部会の個々のメンバーが「支援する会」に参加し、また裁判傍聴や支援集会に参加するなどした。静岡地裁判決は、第1章で詳述したようにとても画期的内容だった。地公災側は高裁に控訴した。これを受けて教師部会として、二つのとり組みを行った。一つは裁判の場所が東京高裁に移るので、東京を中心に「支援する会」を組織すること、そしてニュースを発行し、支援活動を広げることだった。

　もう一つは、事件の経過、詳細な事実関係、地公災の審査と裁判の経過、静岡地裁判決の画期性などを、遺族と現地の「支援する会」と弁護団と協力して、久冨・佐藤博編著『新採教師の死が遺したもの——法廷で問われた教育現場の過酷』（高文研、2012年3月）を刊行することだった。

　東京高裁控訴審判決（2012年7月）は、静岡地裁判決をオーソライズし更に進めるものだった。地公災の上告断念で、公務上災害を認める判決が確定した。その過程に教科研教師部会として関われたことは、元来悲惨で不幸な事件であったが、それを現代・未来に活かす意味で有意義だった。

　教師部会は木村事件に限らず、教師の被災事件裁判の重要な判決文を広く知らせるために、教科研ホームページに入手できた判決文をアップしている。

(4)　これら活動を通して考えたこと

　以上、教科研の教師分科会・教師部会のこれまでの活動を見てきた。そこに浮かび上がる第1点は大会の教師分科会の場で参加者自身がその報告・発

言や応答を通じて「自助グループ」的な独特の雰囲気を創り出し、それを通じて悩める教師への支援のあり方や、新しい教師仲間のつながりに関して、いくつかの大事な視点・知恵や教訓を積み上げてきたことである。

第2点は『新採教師はなぜ追いつめられたのか』刊行のような「誰も眼をそらすことのできないケースを取り上げた、現場実感もあり分析もあるタイムリーな発信」が積極的になされることの大切さである。

上の2点を成果としつつ、「希望」が「気持ちが軽くなる」にとどまることなく本物の変革的希望につながる途を追求・究明していきたいと思う。

そして個人で、あるいは仲間との相談で始めたとり組みが、たまたま時代状況に合致した場合には、一人ひとりの力はわずかでも、その理解と共感の広がりによっては、一定の社会的に効果的な活動に発展し得ることを実感する（やや大げさだが）筆者の人生における貴重な体験となった。

注

(1) 今日的なものとしてはたとえば、教育科学研究会編・講座「教育実践と教育学の再生」の第1巻『子どもの生活世界と子ども理解』、第2巻『教育実践と教師　その困難と希望』、第3巻『学力と学校を問い直す』（かもがわ出版、2013-2014年）所収の教育実践記録などを参照されたい。また戦後日本の教育実践記録の紹介と批評が、同講座・別巻『戦後日本の教育と教育学』（かもがわ出版、2014年）の第II部に16篇にわたってなされているので、（それに編集委員の一人として参加した筆者としては）参考にしていただければ幸いである。

(2) この点では、岡野八代『フェミニズムの政治学』（みすず書房、2012年）に強く学ばされたことをここに記して感謝する。

(3) ここで〈「子ども成長」民主主義〉といっているのは、どの子も「成長」への願いと可能性を持っているということ（その「誰でも」という点に着目して）を、あえて「民主主義」という言葉で表現しようとしている。こうした教育実践家の基本姿勢は、田中孝彦・藤田和也・教育科学研究会編

『現実と向きあう教育学』（大月書店、2010年）の冒頭にある山﨑隆夫・大河未来・佐藤博の３つの実践記録に学んだ。教師が持つこのような「根底的信頼」は、きっと（元来そういうことに敏感な）子どもたちには必ず伝わっていると思う。その意味では、問題を起こす子どもほど、教師がどんな信頼／不信をその子に対してもっているのかを試したり、それを通してかぎ分けたりするのであろう。

(4) ここであえて「方法」といわずに、「やり方」という表現にしているのは、それが教育内容を含むものであって、内容と切り離された「方法」ではないことを意識してのことである。

(5) この点もどの教育実践にも見られる点だろうが、敢えて例を挙げれば、桐井尚江「中学保健室から見える"いじめ"」（教育科学研究会編『いじめと向きあう』旬報社、2013年）では、わずか２ページの短い文章ではあるが、保健室に来室する生徒、あるいはたまたま見かけた廊下などでの子どもたちの様子などから、この養護教諭が何を読み取り、それを確かめながらどう適切に対処しているかが、短い記録の中に的確に表現されている。

(6) 「文化に開く」こともまたどの教育実践にも見られるわけだが、あえて近年のものを挙げれば、『教育』2016年１月・特集１「授業と子ども：その質を問う」に収録の諸実践（渡辺恵津子〔主に小学校〕、守屋繁〔小学校〕、山田美奈都〔私立中・高校〕、山﨑隆夫〔小学校〕）がその質を典型的に示していると感じた。

　　また、教育社会学研究の新動向として、こうした「学校知識の組み換え」を通じた教育学と教育社会学という２つの学問をともに再構成する論議も生まれている。たとえば、本田伊克「教育の知識論的・文化階層論的基盤」（『宮城教育大学紀要』第47巻、2013年１月）は、そうした大きな視野からの再構成を、理論的にも事例的にもていねいに追究した好論文といえよう。

(7) こうした「人との出会いのセット」も数多いだろうが、たとえば『教育』2015年８月号・特集１「地域と学校に自由と自治を」には、長野県の地域・教育問題（その研究・実践）の担い手との出会い（原英章、原貞次郎、宮下与兵衛の論考）が収録されているし、『教育』2016年７月号・特集１

「漂う中高校生に私たちができること」では、中学・高校生が陥っている諸問題に支援的に関わっているケースがいくつも紹介され（仁藤夢乃、藤田毅、原未来、池田孝司の論考、また白旗眞生さんへのインタビュー）、それが学校内外での学習になっていることを知ることができる。

(8) 教育科学研究会編・講座「教育実践と教育学の再生」・第2巻『教育実践と教師　その困難と希望』（かもがわ出版、2013年）pp.282-300。

(9) 'collegiality' の第二の意味として、社会学的組織論において「官僚制（bureaucracy）」に対する、「同等・水平性（collegiality）」という意味があって、後者の典型は大学・学部の教授団とされている。ある職場内の分業・協業態勢が、資格・権限・職務においてピラミッド型か、同等・水平型かという組織論的性格の二類型である。学校職場の教師たちのこの点での関係は、「同じようにクラスや授業を担当する、子どもたちにとっての教師たちである」という点に注目すれば、確かに「同等・水平」という側面がある。これは1960年代に宗像誠也・伊藤和衛論争として議論された。そして、その後の教育政策を通じて、「官僚制的性格」のほうがますます強められていることは大きな問題である。ただし、今日使われる「教師の同僚性」は、この意味ではない。

(10) ここでの2つのカギカッコ付きの引用は、『教育』2009年11月号・特集 I「教師：いまその仕事を悩ませるもの、支えるもの」の巻頭「座談会　二人の新採教師自殺事件に即して考える」、pp.20-21 の神原昭彦発言から。

(11) じっさい、第 I 部第1章で取り上げた「鳥居裁判」は、最終的に勝利が確定した。また、西東京市の新採教師（Bさん）被災事件もまた東京地裁の勝利判決（2016年2月29日）が出ている。

(12) なお、この「3」の冒頭を除く「(1)〜(4)」は、本節と同じ表題の筆者稿の論考（『教育』2015年1月号・特集1「人間としての教師へ」掲載）をほぼ再録し、若干修正・加筆したものである。

(13) 最近では「当事者グループ」とも呼ばれている。

(14) それは精神医療でいわれる「カタルシス」効果とは違う。思いのたけを誰かに語ったことの効果ではなく、同じような悩みが語り合われ、状況認識と苦悩への共有・共感がその場に広がる集団過程が生み出す雰囲気やその

効果である。

⒂　もちろん、このような雰囲気がその場に創り出されるのに、分科会世話人のベテラン教師が「悩める教師の報告・発言」を共有・共感をもって受け止める姿勢を適切に示した点も忘れることはできない。じっさい若い教師をとても暖かい眼差しで見守るベテラン教師たちが世話人になってくれたことは、当分科会にとっても、それを呼びかけて世話人を続けた筆者にとっても幸運だったと思う。

⒃　『2006年教科研大会記録』冊子を参照。

⒄　教科研大会「教師の危機と希望」分科会でもこの時期、20歳代新人教師のそういう報告が毎年行われていた。またその報告を含めて、この時期の雑誌『教育』では、2008年1月号・4月号、2009年1月号・4月号に「新人教師の手記」が掲載されている。

⒅　この「現代教育フォーラム」は、新人教師問題で協力関係にあった東京の「学びをつくる会」との共催の形で行われた。本文以下に述べる教師部会のとり組みでも同会にはいつも協力いただいた。「学びをつくる会」のメンバーは、教科研の当該分科会に参加もし、報告も引き受けてくれるなど、協力を惜しまなかった。ここに記して感謝する。

第12章　日本の教員文化の再構成をめぐる課題
——苦難から希望へ

　第Ⅱ部第7章で述べたように、教員文化というものが教員社会・教師層が持つ「文化」として働くものならば、いまの難しさをこそ、何とか乗り切る新たな工夫と関係形成を創出するはずだろう。そうだとすれば、置かれた社会構図の変化と、その変化の中にある可能性、つまり教師という社会存在がいまの条件・関係の中で「意味を持って働く職業層」として豊かに生き残る姿がどのようにあり得るかを、日本の教員文化の再構成の課題として考えることが重要になると思う。

　そこで、本章では「1・2」で、教師たち自身の持つ「教職観」の近年の動向を検討したい。まず、日本の学校教員層によって長く維持・継承されてきたあの「献身的教師像」が、第Ⅱ部第8章図8—2の80～90年代の3調査に示された状況から、「教師受難時代」を経験しながら、2000年代以降どのように変化しているかいないのかを確認したい。この確認を通じて教師層を内側から長く支えてきたあの伝統的「教師像」が、2000年代以降の日本社会と教育の状況の中で現在の課題としての「教員文化の再構成」に見合うような内的・文化的な力量を持っているのかどうかを検討したい。この二つの課題に、2000年代以降に筆者らが実施した二つの教師調査結果を素材として考察することになる。

　それを土台として「3・4」では、今日の「教員文化の再構成」の課題と筆者が考える「特権性から民主性へ」という転換と、その転換を担い、また継承する「民主的教員文化」の可能性・現実性を検討することによって現在の日本で「困難・苦悩」の状況下にある教師たちに、いかなる「希望」への

展望があるのかを、筆者なりに考察したい。

1 教師自身の「教職観」の戦後第Ⅱ期から第Ⅲ期への変化

　筆者らは、80年代から何度も教師対象質問紙調査を実施してきたが、こ
こでは「教職観」に関して戦後の第Ⅱ期（70年代半ば～90年代初頭）と第Ⅲ
期（90年代半ば～現在）とを比較して、その間の変化を見るために、第Ⅱ部
第8章の図8─2に掲載された3調査（第Ⅱ期）と、2004年実施の全国9地
域調査（第Ⅱ部第9章前出の「5か国比較調査」の一環として実施した日本での
教師調査）と、2014年の全国10地域調査の2調査（第Ⅲ期）とを、「教職観」
に関しての「共通7項目」の結果でまず見てみたい。読者の方は、本章での
結果表を、以前のものと比較するために、第8章「2⑵」の図8─2の3調
査の結果グラフを参照していただきたい。

(1) 2014年全国10地域教師調査の対象者と調査方法

　2004年の全国9地域教師調査の対象・方法については、（5か国比較調査
の一環として）第9章で説明したので、ここでは2014年調査のそれらについ
て説明をしたい。表12─1は質問紙調査の対象者と回収状況を示している。
　まず2004年調査と比較可能にするため、対象を「公立小・中学校教育職
員（臨時を含む）」とした。前回対象9地域の教育委員会に依頼し、協力の得
られた7地域と、新たに依頼した地方都市（表のＡ7）との8地域には、学
校を通じて配布し回収する方法により、小・中合わせて50校の協力を得て、
919人の有効回答（回収率：65.8％）が得られた。
　8地域のデータだけではやや首都圏や都市部に偏ったので、それを補正す
る意味も込めて、中部地方と関西地方との都市・農山村が混在する県の教職

員台帳からランダムサンプリングし、2県で386人の有効回答（回収率：42.7％）が得られた。10地域合計の有効回収数（回収率）は1305（56.7％）である。

表12―2は回答者の小・中校と男女別の構成である。小学校教師の回収率がやや高く、小・中校とも女性教師の有効回収者構成が2014年度学校基本調査の「本務教員構成」より4～5ポイント高いが、ここではウェイトづけなどは行わなかった。

表12―1　調査対象者の地域と配布・回収状況

	対象地域		配布数	回収数	回収率
A、学校を通じた配布・回収	首都圏	A1	268	165	61.6%
		A2	164	113	68.9%
		A3	137	81	59.1%
	政令指定市	A4	174	109	62.6%
	地方都市	A5	204	125	61.3%
		A6	175	111	63.4%
		A7	152	122	80.3%
	地方町村	A8	123	93	75.6%
	Aの8地域・計		1397	919	65.8%
B、個人　郵送回収	中部地方県	B1	497	252	50.7%
	関西地方県	B2	406	134	33.0%
	Bの2県・計		903	386	42.7%
A・Bの10地域合計			2300	1305	56.7%

表12―2　小・中　男女別の回答者数

		男性教師	女性教師	男女計
小学校	人数	296	578	874
	(％)	33.9%	66.1%	100.0%
中学校	人数	221	201	422
	(％)	52.4%	47.6%	100.0%
小中計	人数	517	779	1296
	(％)	39.9%	60.1%	100.0%

注　小中ないし男女が不明の9人を除く

(2)　教師たちの自己意識としての「献身的教師像」は根強い

戦後第Ⅲ期の2調査における「教職観」共通7項目について、公立小・中学校教師全体の動向を棒グラフで比較したのが図12―1である（pp.212-213）。90年代以降の3調査を小・中学校別に示したのが表12―3である。

第12章　日本の教員文化の再構成をめぐる課題　209

表12―3　教職観／肯定側回答累積 (小・中別)

質問項目(1)～(7)	小・中別	1991年調査	2004年調査	2014年調査
(1)社会的に尊敬される仕事だ	小学校	47.3%	52.1%	67.4%
	中学校	38.3%	57.1%	61.4%
(2)経済的に恵まれた仕事だ	小学校	12.5%	53.8%	59.0%
	中学校	7.2%	52.3%	52.0%
(3)精神的に気苦労の多い仕事だ	小学校	97.8%	97.5%	96.3%
	中学校	96.6%	98.0%	97.4%
(4)子どもに接する喜びのある仕事だ	小学校	95.0%	96.8%	98.0%
	中学校	89.9%	96.7%	98.8%
(5)やりがいのある仕事だ	小学校	92.0%	94.8%	97.6%
	中学校	85.6%	95.7%	97.2%
(6)自己犠牲を強いられる仕事だ	小学校	79.3%	68.0%	78.5%
	中学校	85.6%	79.3%	88.1%
(7)自分の考えにそって自律的にやれる仕事だ	小学校	63.7%	69.4%	69.8%
	中学校	61.4%	70.7%	62.9%

これを見るといくつかの点が明確になってくる。まず戦後第Ⅱ期と第Ⅲ期とを比較して、変化が少ない項目が多い。7項目中の5項目は「強くそう思う」と「やや」とに若干の配分の変化があるが「強く／ややそう思う」の累積比率では「図12―1」の棒グラフでも、また「表12―3」で小・中学校教師別に見ても、ほとんど変化が見られない。なかでもとりわけ「(3)精神的な気苦労」「(4)子どもと接する喜び」「(5)やりがいのある仕事」の3項目はいずれもⅡ期・Ⅲ期の5調査ともに、小中合算で9割前後からそれ以上の肯定回答と圧倒的多数派の教師の「教職観」となっている。また「(6)自己犠牲を強いられる仕事」もⅡ・Ⅲ期ともに8割前後の肯定回答でこの点でも変化が少ない。さらに「(7)自分の考えで自律的に」は、上の4項目に比較すると、回答の肯定・否定がやや割れる項目であるが6～8割の肯定回答傾向に変化は少ない。その点で「献身的教師像」は今日もなお教師の自己意識として根強い。

210　第Ⅲ部　日本の教師たちのアイデンティティと希望

(3)　根強さの中にも変化が生じている

　ただ確実な変化も生じている。たとえば「(2)経済的に恵まれた仕事」は第Ⅱ期の3調査でいずれも1～2割前後の肯定回答だったが、2004年調査では5割台、2014年調査では6割台にまで増加する傾向が顕著である。これはこの間に教職の経済的条件が改善したというよりは、むしろバブル経済崩壊後にもう二十数年続く長期不況の中で「ワーキングプア」とも呼ばれる非正規雇用者などが増加し、格差と貧困の拡大が進む中で、教職が比較的安定した経済的条件にあることが、教師たちの意識に反映したものであろう。

　また「(1)社会的に尊敬される仕事」も、回答がⅡ・Ⅲ期を通じて肯定／否定回答が3～7割台に割れる項目であるが、90年代～2010年代の3調査だけ見ると、1991年の4割台から、2004年の5割台、2014年の6割台と系統的な増加傾向が見られる。この間には、教師に対する社会・マスコミのバッシングもあったわけだが、それでも教師たちの自己意識としては、他の仕事と比較して「尊敬」を感じさせるものが、上の経済的安定も含めてあったと見ることができるだろう。

　以上からいえることは、第一に日本に伝統的な「献身的教師像」が極めて根強いという点である。「気苦労も多く、自己犠牲もあるが、子どもと接する喜びのある、やりがいのある仕事である」という教職イメージは、今日も強く表12—3で90年代以降の3調査だけの小・中学校教師の比較を見ても本章「1(2)」で取り上げた5項目で肯定側回答の累計が10ポイント以上の差があるものは1か所だけで、他はほぼ差がないか、あっても数ポイントである。しかし第Ⅱ期までは、上の波線を引いた「イメージ」の前に「経済的には恵まれず、」の文節がついていたのが「献身的教師像」のイメージだったのが、その点だけはその文節が取れ、いまではむしろ「経済的には安定し相対的に恵まれているが、」をつけたほうがよさそうな状況にあるといっても過言ではない。本項で先に見た変化項目「(2)経済的恵まれ」「(1)社会的尊

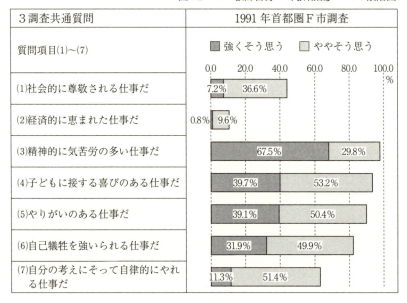

図12―1　教師自身の「教職観」への4段階回

敬」も表12―3で見ると、小・中学校教師間の肯定回答累積に3調査とも数ポイントの差しかなく、この変化もまた公立小・中学校教師の教職像の変化の点でも共通である。

2　教師自身の「教職観」のこの10年間の変化を、6項目で見る

　筆者らは2004年に5か国教師比較調査を実施したが、その際に日本で実施した全国9地域調査と2014年の全国10地域調査では、上の「教職観」共通7項目と別に、新しく共通の教職観6項目をたずねている。その6項目中の3項目は、「(8)高度の専門的知識・技能が必要」「(9)高い倫理観が求められる」「(13)教師以外の人々との関係づくりが欠かせない」で、これらは「望ま

答の時期的変化（7項目：表とグラフは肯定回答のみ表示）

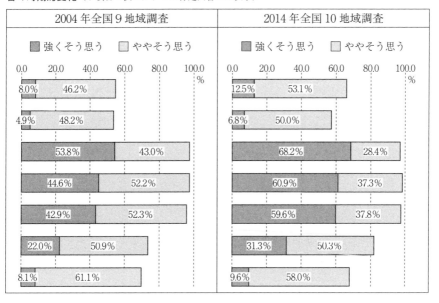

しい教師像」とでもいうべきものである。また「⑽自分らしさを発揮できる」は、前出共通7項目の「自分の考えにそって自律的に」のイメージに重なりながら、それを制度との関係から、自己表現との関係に置き直している。さらに、「⑾はっきりとした成果を問われる」「⑿割り当てられた役割に専心する」の2項目は、2000年代に進んだ「教員人事考課」などの「教育改革」も反映した「教師に対する制度的・社会的な評価の視線」を意識した教師像の新しい姿であると考えた。その結果を見てみたい。2004年と2014年の2調査の肯定回答だけを示したのが図12—2であり、また肯定回答の小・中学校教師比較が示したのが表12—4である。

(1) 強い肯定回答が10年の間に増えている

まず6つのどの項目も「強く／ややそう思う」の肯定側回答全体は2004

年と2014年とで、ほとんど変わらないか、変わっても数ポイントに過ぎないのが、「強くそう思う」という強い肯定回答に注目すると、6項目ともに2014年調査で増加しており、それは数ポイントから十数ポイントにまで及んでいる。その傾向は、小・中学校教師ともに共通である。これが意味するところは、おそらく前述の「教師への制度的・社会的な評価の視線」の改革時代を通じての強まりを反映して「望ましい教師像」や「改革側推奨型の教師像」が、公立小・中学校の教師たちに、より強く意識されるように10年間の間に変化した結果と考えることができるだろう。

(2) 「教育改革」推奨の「教師イメージ」は肯定／否定に割れている

以上のような6項目全体での強い肯定回答の増加のなかでも、項目によってその肯定比率には、かなりの差が見られる。

a)「知識・技能」「倫理観」「関係づくり」は圧倒的多数派：「(8)高度の専門的知識・技能が必要」「(9)高い倫理観が求められる」「(13)教師以外の人々との関係づくりが欠かせない」の3項目は、小・中学校教師とも、またその合算でも、いずれも8～9割台の肯定側回答となっている。それらは教師とい

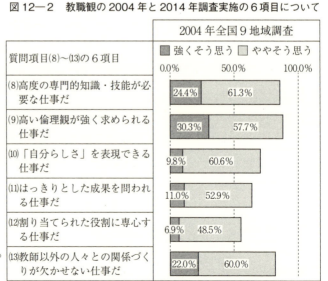

図12−2　教職観の2004年と2014年調査実施の6項目について

表12—4　教職観2004年〜14年比較（小・中別）

		2004年調査		2014年調査	
		強くそう思う	ややそう思う	強くそう思う	ややそう思う
(8)	小学校教師	23.5%	60.8%	25.5%	62.0%
	中学校教師	25.5%	62.0%	40.6%	52.0%
(9)	小学校教師	27.0%	59.6%	44.6%	51.0%
	中学校教師	34.8%	55.1%	48.1%	47.9%
(10)	小学校教師	9.1%	61.4%	15.0%	56.5%
	中学校教師	10.7%	59.5%	14.5%	51.5%
(11)	小学校教師	11.9%	56.8%	14.1%	55.6%
	中学校教師	9.9%	47.8%	13.3%	48.6%
(12)	小学校教師	6.7%	47.7%	9.5%	50.5%
	中学校教師	7.1%	49.4%	9.8%	41.7%
(13)	小学校教師	21.1%	61.1%	31.2%	53.7%
	中学校教師	23.2%	58.6%	26.8%	52.7%

（グラフは肯定回答のみ表示）

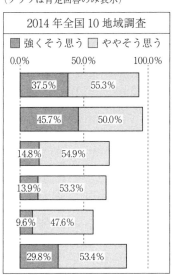

う仕事に欠かせない「望ましい」資質ともいうべきもので、「高い倫理観」が「献身的教師像」に重なる点はあるが、3項目とも教師には「欠かせない」「望ましい」と一般に考える教職の性格である。

b）「教育改革」が推奨するイメージは必ずしも浸透していない：1990年代半ば以降、とりわけ2000年代に入って以降の「教育改革」とその一環としての「教員制度改革」において、教師に関する「言説」として盛んに政策的にもいわれてきた「教師像」としての「(11)はっきりとした成果を問われる」「(12)割り当てられた役割に専心する」の2項目は強い肯定が1割前後でしかなく、それは前節の共通7項目とここでの6項目全ての中で、2000年代の2調査でいうと、最も「強い肯定回答が少ない」2項目になっている。「やや」も含む肯定回答全体でも5〜6割台に留まっており、それは小・中学校教師とも同様な回答状況に

ある。その意味では「改革言説推奨型の教師像」は、日本の教員文化の継承的財産である「献身的教師像」とも対立する面もあり、公立小・中学校教師に十分浸透しているとは必ずしもいえない。

そこではまた、教師像の新動向をめぐって、伝統と改革とがせめぎ合っていて、なお教員文化の伝統的財産のほうが現在は強いといういい方もできるだろう。

3　教員文化の特権性から民主性への転換課題

(1)　学校の特権的専門職文化からの脱皮課題

第Ⅱ部第5・6・7章で述べたように教師層は長い間、学校制度によって特別の権威を与えられ、それが学校と地域社会に定着した姿である「学校文化」によってその権威が「当たり前」とされ、また教員資格制度や教員給与規定によって国家からもバックアップされてきた。そう考えると、教師層は（社会全体ではそうでなくても、少なくとも）学校にかかわる諸層の中では、無前提に信頼と権威を持つ、ある種「特権的な存在」だった。それは、前にも述べた「教師の黄金時代」であったといえよう。

そこでの教師たちは、第10章で述べたように中流層の子ども・親との親和性を基盤にし、子どもへの共感を民衆層にまで広げながら、教師への信頼と権威を確保する、ある意味で「特権的な教員文化」を（意識するしないにかかわらず）展開してきたといえるだろう。

しかしそのような「黄金時代＝（教師に対する）無前提の特権的信頼と権威の存在」は、間違いなく過去のものになっている。いまは、それを可能にした「学校文化」が、第Ⅱ部第8章で見たように、1980年代以降30余年に親や国民の間に蓄積した教師・学校に対する不信・不満で崩れている。また

216　第Ⅲ部　　日本の教師たちのアイデンティティと希望

1990年代半ば以降の「教育改革時代」は、そうした世論を追い風にして、第I部第4章で述べたように国家が「教員制度改革」を次々と打ち出し、教師層への攻撃側に回ってきた。

いまは、教師への信頼と権威は、無前提ではあり得ない。現実にそれと認められる関係をつくってこそ、そこに信頼も生まれるだろう。そこでは、これまでの教員文化からの脱皮、何らかの教員文化の再構成が求められていると考える。

(2) 学校における民主的関係づくり

これは日本だけの課題ではなく、近代学校教師が多くの国で直面する課題ではないかと思えた。私どもが日本で主催し参加した国際シンポジウム「教師の専門性とアイデンティティ」では、英国からもスウェーデン・韓国からも、教師層の「新しい民主主義的関係づくり」という共通の課題が提起された[2]。たとえば英国のG・ウィッティのいう「教師の民主主義的専門職性」の提起で考えると、「学校の民主主義」という文脈の中に教師層が今日の専門職として意味をもって存在する、その点に社会層としての今日的課題があるということになる[3]。

ここで「学校の民主主義」という文脈の性格を英国のB・バーンスティンの「教育の民主主義」の議論[4]に学んで、それに沿って考えてみると、流行の言葉でStakeholdersと呼ばれる関係当事者は、学校教育の場合、その中心に子ども、教職員、親がいる。その当事者たちが、学校・学級をそこが「自分の関与する場所／そこで自分の成長や利害が実現する場所／安心して発言や行動ができる場所／自分を理解してくれ包む仲間がいる場所／その場所の在り方について意見がいえ議論ができて、その場をよりよくする行動に参加できる場所」と感じられること、それがB・バーンスティンのいう「教育の民主主義」における「自己成長・自己確信／包み込み・コミュニタス／参加・市民的言説」の学校・学級的な姿ということになるだろう。

第12章 日本の教員文化の再構成をめぐる課題 217

そのような「自己成長・包まれ・参加」が、学校当事者の誰にもあるような民主的な文脈の中でこそ、教師への信頼も生まれるという構図である。それについて、学校制度論的に考えるべき課題は多い。しかしここでは、何といっても「学校現場の中心的担い手」である教師層が、その教員社会の中に形成する「教員文化」の課題として考えたい。つまり学校での教師たちの行動・意味づけ・関係づくり（それによる、教師存在の確保）が、特権の文脈を通してではなく、民主主義の文脈においてなされるような文化構図である。

　「民主的教員文化」とだけ言葉でいうのは易しいが、学校・教室・教員社会の現実を前にして、それはどのような行動・意味づけ・関係づくりをすることなのか、を考えてみると難しい。以下に、筆者が最も重要だと考える一つの視点を提起したい。

(3)　教師存在への関係論的接近の一視角
　　　—— 「共有・共感（Sharing）」の関係づくり

　日本の教師たちの精神疾患による病気休職の増加や、新採教師の1年目の難しさ（ひどい場合の「うつ病・自殺」）を考えている際に、たまたま米国の教師調査で、「教師の職業病」といわれる「バーンアウト（燃え尽き症候群）」について、それを押し止める効果を持つ人間関係要素が眼に止まった。そこには、「傾聴（Listening）」、「感情的サポート（Emotional Support）」、「技術的サポート（Technical Support）」と並んで、「社会的現実の共有・共感（Sharing Social Reality）」が挙がっていた。「傾聴」や「サポート」は比較的容易にその「燃え尽きを押し止める効果」を理解できたが、「社会的現実の共有」という要素には新しい面を教えられ、考えさせられた。

　というのは、悩みを持つその人がその状況に置かれているのは、その個人の責任よりも、社会的に見れば「そうなる背景ないし関係があって起こることである」というややロングショットからの見方は、直ちに何らかのサポートを与える点では間接的ではあるだろう。しかし、悩みが孤立から「自責

（＝結局自分がダメなんだ、すべては自分の責任だ、ということがらへの意味づけ）」につながっている（第Ⅰ部第２章注⑹の新宿区立小学校で被災したＡさんのような）ケースを考えると、そこで追い込まれてしまった視野を、何らか開くことには寄与するだろう。またその「社会的（Social）」の意味を、広い社会や国家の制度・政策から、中間の学校制度レベルの諸関係に、さらには身近な職場レベルの関係における「現実（Reality）」にまで当てはめると、それらのどのレベルにも「苦悩に追い込まれている当人だけの責任」というのではない、その教師が置かれている「広い〜狭い」までの構図が見えてくる。この面を共有・共感（Sharing）するということは、「ことがらへの意味づけ・視線」という文化の中心要素を変更するという点でも重要である。そのような文化的な意味づけ・視線の組み換えが、交流者相互の関係の基盤にあってこそ、「傾聴」も「感情的サポート」「技術的リポート」もその有効性を発揮するのではないかと考える。

　その点で、教員文化の組み換えの焦点の一つとして、教育困難に陥っている状態に対して、「個人責任」や「自己責任」として見るのではなく、その背後にある「社会的現実」の問題を直視して、陥っている困難・苦悩を「共有・共感」するような教員文化の要素をぜひとも教師仲間の間の他者に対することがらの見方として、つまり文化として広げていくことが第一に重要だと考える。

⑷　「共有・共感」を他層とも共に

　この「自己責任」から「共有・共感」へのことがらの見方の文化的転換は、教員文化・教師の関係づくりの点では、教師層内部だけの問題ではない。いま、学校の関係当事者である子どもたちは、「育ちづらい」世界で生育しながら多くの子どもたちが悩みのなかにある。親たちは格差・貧困拡大社会のなかで生活・労働で苦しみながらも、何とか「難しい親子関係と子育て」にもとり組み、生きづらい社会に生活している。子どもと親がこのように苦し

いからこそ、教師にとって、かつて以上にかれらとの関係づくりがとりわけ難しく、また子どもの教育という仕事もいっそうの困難が伴っているわけである。だから、苦悩と傷つきは、教師だけでなく、その前に子ども・親たちに起こっている。だから、よく言われる言葉を使えば「困った子どもは困っている子ども」「困った親は困っている親」という見方を持って、子どもや親の困難や問題を、「自己責任」としてではなく、「そうなる社会的現実が裏にある問題」として「共有・共感」すること、そのような教師たちのことがらへの意味づけが重要になる。

　この点で、教員文化には従来から「苦しみの焦点に自分を置く」という傾向があった（この点は２つの書物の共編者である佐藤博氏に教えられた）といわれてきた。そして「教師の苦労は、同じ教師層にしかわからない」とも考えてきたといわれている。その点で、このような教員文化における意味づけを変換して、子ども・親との「共有・共感」を共にすることがどうしても重要だと考える。本章「２」の2004年、2014年の２調査での教師の「教職観」質問で、「教師以外の人々との関係づくりが欠かせない」という項目に対する肯定側回答が、小学校、中学校ともに、８割〜９割と圧倒的多数である点には、ここで述べた「関係づくり」の重要さに対する今日の教師たちの自覚が写し出されていると考える。

　教師層がそのような転換した文化要素をつかみ自分たちの教員文化に組み込むことで、当事者たちの多くが陥っているそれぞれの苦悩・傷つきを、単にその人間の弱点としてではなく、広くも狭くも共有すること（Sharing）、そういう相互の眼差しと共感を、相互関係・相互形成の文化とする可能性が生まれるだろう。それは学校の内・外の教員社会の相互関係において、新採教師を含む「悩める教師たち」への大きなサポートの働きのある教員文化になるだろう。そういう関係がまた、先の学校の民主主義における「自己成長と包まれと参加」が教師だけでなく、子ども・父母にとっても、学校に関与する場合の現実の関係となっていく土台になると思う。そこに、学校をめぐる民主主義的文脈の中で、教員文化が成り立ち、教師存在が意味を持って働

く新しい今日的構図と希望があると考える。

　このことは、あの伝統的な「献身的教師像」がその裏側で根強く持っていた「家父長的性格（パターナリズム）」を、他層との交流、共感の体験を通して「民主的性格」へと組み直していく「教員文化の民主的再構成」へとつながるものになるだろう。

4　民主的教員文化を形成・継承・前進させるために

　ここで、前節の(3)(4)で述べたような教員文化の民主的再構成を可能にし、またそれをまさに文化として継承して行く可能性・条件・希望として以下の諸点を考えたい。

(1)　「実践者と研究者との協同関係」をいろんな機会に地域で
　　　広げ深めていく

　筆者が第一に考えることは、「教育実践者と教育研究者との協同関係」である。それは教育実践が「研究的実践」となり、教育研究が「実践的研究」となるために不可欠の課題である。いい換えれば、前章で述べた「教師の自己反省性」は、教師の教育実践が研究的であることの第1の条件であり、またそこには教師自身が研究的姿勢で反省を繰り返しながら前進することが、子どもたちの「必要・要求」「呼びかけ」を感じ取りまた聞き取りそれに応答して行く実践家として成長することでもある。

　その際、教師の「自己反省」や「研究的姿勢」が単なる自己満足にとどまることなく前進するための条件としては、教師仲間の集団的研究もさることながら、日本の民間教育研究団体や組合の教研集会の場で積み重ねられてきた「教育研究者」との協同が同じように効果的な条件となるに違いない。こ

第12章　日本の教員文化の再構成をめぐる課題　221

の「研究的実践と実践的研究」の往還関係こそ、「教育実践と教育学の再生[7]」の姿であり、またそれへの前進の確実なとり組みとなるに違いない。

(2) 「実践的研究運動」に求められている「実践者」民主主義（＝相互信頼の風土）

　前節(3)では、困難・苦悩に陥っている教師たちに対する見方の転換について述べたが、たとえ表面的にはそれほどの困難のなかにあるように見えなくても、どの教師も第Ⅱ部第6章で述べたように元来難しい「学校で子どもを教える」という仕事に（意識するとしないとにかかわらず）何らかの困難を抱えてとり組んでいるはずである。だから、その意味では、特別に困難・苦悩に陥っている教師に対する見方だけでなく、すべての教師に対する見方として、「教師は誰もが、子どもがより豊かに成長・発達する働きかけをしようと本心では願っている[8]」と相互に信頼しあう関係が重要だと考える。それは前章冒頭で述べた〈「子ども成長」民主主義〉と同様の表現を使えば、〈教育実践者民主主義〉と名付けることができると思う。そこに表現されるものは、教師仲間相互の基本的な信頼関係である。もちろん職場の現実がそれと異なり、また個々の教師にそうではない姿があったとしても（子どもの場合と同様に）「本来、教師になろうとした初心はそうであったに違いないし、それは今もその教師魂のどこかにあるはずだ」と信頼する関係だといえよう。

　そのことを強調するのは、本章「1(2)」で見てきたように、多くの教師が自己意識としての「教職観」において、あの継承してきた「献身的教師像」をいまでも保持しており、また本章「2(2)」で確認したように、その継承された教員文化要素が、「改革推奨型の教師像」を圧倒するほどに内面化されている点で、まさに「日本の教師たちは、基本的に信頼できる」と考えたいからである。

222　第Ⅲ部　日本の教師たちのアイデンティティと希望

(3) 「対話とつながり」「発信と応答」を広げそのつながりと
広がりを

　団塊の世代の教師が退職して、若い教師たちが（各都道府県において時期的な差があるとはいえ）どの地域でも多く採用され、学校職場でも増えている。その意味では、ある職業層に若い後継者がいる、そのこと自身が学校教育にとっても教師層にとっても「一つの希望」である。

　それに加えて、前章「2(2)」で触れたように、そうした若い教師たちがお互いの悩みや学習要求を共にするような、ある意味「自助グループ」的な集まりが各地で広がっていることが報告されている(9)。そして当事者に聞くと、そうした各地の若い教師たちのサークル相互の連絡関係は、既に一部実現しているそうである。

　また第Ⅰ部第3章で見たように、悩み苦しんでいるのは若手教師たちだけではない。中堅教師もベテラン教師も困難を抱えているのが現代の教師たちの状況である（じっさい、第Ⅰ部第3章表3—1では、年齢段階が高いほど「精神性疾患による病気休職率」が高かった）。その意味では、困難を抱えつながりを求める教師は、年齢にかかわらず教師層全体に及んでいると考えられる。そのような教師たちのサークルが、若手教師の場合のように広がっている事例はまだ伝わってはこない（そこには、若手と、中堅・ベテランとの、その困難や学校での位置の違いが関与していると思う）が、そこにも新しい組織化の可能性があることは間違いない。

　そのような教師層内部の「対話とつながり」「発信と応答」をこれまで以上に広げて行く可能性は広く開かれていると考えられる。その際には、インターネットの世界でSNSなどを使った「つながり・広がり」を追求することも十分考えられる可能性であり、またそれが実現し得る条件があると考えることができる(10)。

(4) 学校・教師の〈現代的先進性〉可能性と、子ども・親・地域との民主的学校文化の共同形成への希望

筆者は、子ども・親に対する教師の「特権性を民主性へ」と先に述べたが、それは教師の教育にとっての独自に重要な役割を否定したり、軽視するものではない。その点の筆者の考えはむしろ逆である。

たとえば、日本の戦後初期の戦後民主教育は「平和・人権・民主主義」の点で、子ども・親・地域に対して、ある「先進性」を持っていた。筆者のような世代の人間は、じっさいそのような学校と教師の先進性を実感しながら、戦後民主主義の中で自分の学校時代を生きてきた。

現代は、格差・貧困が広がり、民主主義・立憲主義や人権の危機も目前の問題になっている。また戦争への足音も聞こえてくる時代になっている。だからこそ、いまあらためて「平和・人権・民主主義」が強く求められ、学校・教師がその拠点になれる可能性があると考える。それは戦後初期のように国家や文部省の一定の支持がある状況ではなく、その点ではむしろ逆であるが、我々が根差すべき国民のなかでは、どの問題でも戦後初期よりも「社会的同意の水準」（堀尾輝久）は、そのレベルを上昇させていると考えることができる。

1980〜90年代は、「校則」や「体罰」で、学校・教師は市民社会より「遅れている」と思われる状況にあったが、現在は、上昇した「社会的同意の水準」に根差して、学校・教師が「平和」「人権」「民主主義」の点で、子ども・親・地域に対して「先進性」を発揮できる土台があると考える。

そして、本章「1(2)」でバーンスティンに依拠して述べた「教育の民主主義」が学校で実現する可能性があるとすれば、学校をめぐる子ども・親・住民の「参加」を通した学校・教師との民主主義的交流の活発化が、学校という場に期待され、そこに民主主義への希望があることになる。そこでは、今日広がる「困難の個人帰責」「分断・孤立」を「困難・苦悩の共有・共感」

へと置き換えるような、教師・子ども関係、教師・親関係、教師たちの同僚関係とその文化（民主的な学校文化・教員文化）を、当事者たちが共同形成する可能性がそこに開かれている。そこに教師たちが他層との対話・交流体験を通してあの伝統的パターナリズムを脱却して「平和・人権・民主主義」を広げる「拠点（＝キーポジション）」となる可能性があると考える。

　筆者は、以上に述べてきたような「民主的教員文化」と「民主的学校文化」の当事者による創造的な共同的形成にこそ、日本の教師層が教職アイデンティティを保持して、子どもと教育活動に向かう希望があり、ひいては日本の教育がこの先「これからの時代を生きていく子ども・青年」にとって意味あるものになっていく希望があると考える。

注

　⑴　2014 年実施の教師調査は、科学研究費・基盤研究［Ｂ］「教師の責任と教職倫理に関する社会学的・文化論的研究」（課題番号：25285227、研究代表者：久冨善之）の一環として実施されたものである。

　⑵　この国際シンポジウムの報告と成果を収録した文献、久冨編著『教師の専門性とアイデンティティ』（勁草書房、2008 年）のⅢ部第 7 ～ 11 章には、この 3 国からの研究協力者の報告論文の訳文が掲載されている。

　⑶　同前・第 7 章、Ｇ・ウィッティ＆Ｅ・ウィズビー「近年の教育改革を超えて：民主主義的な専門職性に向けて」を参照。

　⑷　Ｂ・バーンスティン『〈教育〉の社会学理論』（久冨・長谷川裕・山﨑鎮親・小玉重夫・小澤浩明訳、法政大学出版局、2000 年）の「序章―2、民主主義と〈教育〉の権利」を参照。

　⑸　Pines, A. M. The burnout measure, Paper presented at the National Conference on Burnout in Human Service, 1981.

　⑹　教師が子どもを見る場合に、カメラのズームを引くようにロングショットで見ることと、同時にズームアップして細部に注目することの重要性は、佐藤博が強調している（久冨・佐藤博編『新採教師はなぜ追いつめられた

のか』高文研、2010 年の佐藤論文 p.111 を参照）。本節の場合は、見る対象が子どもではなく教師ではあるが、ロングショットとズームアップとの両方が重要だということがらの性格は、そこで共通だと考える。

(7) 「教育実践と教育学の再生」は、奇しくも民間教育研究団体の一つ、筆者も参加する教育科学研究会が近年編集した講座の全体の名称でもある（かもがわ出版、2013-2014 年）。

(8) このような教師に対する見方は、同じ大学の同僚だった藤田和也の「養護教諭の民間的・全国的な研究サークル」の研究者としての指導的組織化の姿勢に学んだものである。たとえば藤田和也『養護教諭が担う「教育」とは何か』（農文協、2008 年）を参照。

(9) たとえば、前出の久冨・佐藤博共編『新採教師はなぜ追いつめられたのか』（高文研、2010 年）の巻末には、およそ 20 の「若い教師たちのサークル」が、その活動・連絡先を含めて紹介されている。

(10) インターネットを活用した教師たちの交流・相談・励ましの関係の広がりに向けての活動のやり方については、霜村三二「若手教師たちの今を聴き、希望を考える」（片岡洋子・久冨・教育科学研究会編『教育をつくる：民主主義の可能性』旬報社、2015 年）に教えられた。

(11) 堀尾輝久『現代教育の思想と構造』（岩波書店、1971 年）を参照。

(12) たとえば、学校に直接関係するテーマでは、体罰問題、抑圧的な校則問題、不登校に対する捉え方、性的マイノリティの人権など。学校とはやや間接的なことがらでは、反原発志向や再生可能エネルギーへの志向、環境問題、格差・貧困問題、高齢者のかかえるさまざまな問題などにそのような「社会的意識レベルの上昇」が見られると思う。

あとがき——「エピローグ」に換えて「書き上げて考えること」

　本書の第Ⅰ部の前に「プロローグ」を置いたので、第Ⅲ部の後には「エピローグ」があってしかるべきと思う。しかし、第12章の「3」「4」の2つの節で、著者としてはすでにそれに当たる論旨のものを書いてしまった。それで、ここでは第Ⅲ部まで書き上げてみて「考えること」をいくつか書くことで「あとがき」としたい。

　⑴　第12章まで書き上げて、最初に弁明をすることは恥ずかしいことではあるが、実は本書は既に2年前に出来上がっている予定であった。その間に、筆者の怠慢のためにずるずると原稿完成が伸びてしまって、今日を迎えてしまった。この間に、日本の教師をめぐる状況も様々の点で変化があった。第Ⅰ部の統計数値は直近のものまで収録するようにしたが、第Ⅰ部第4章で問題にした、教育への「行政犯罪」に関しては、第4章で触れたものでもその後変化が起こり、またそこで触れられなかった新しい用語も出てきた。

　本書で、そうした急激な変化についてあらためてとり上げて分析していると、いつまで経っても本書が発行できないので、断念せざるを得ないものもあった。ただし、そうした教育改革・教育政策・教育行政上出てきた各種のものを通読しても、本書第4章「3」で批判的に特徴づけた基本的問題としての3点（つまりそれは次にあげる3点であるが）、

　①学校現場の実状、教師が置かれた諸困難を、当事者の「声」に十分耳を傾けることなく、次から次へと新たな用語を含んだ「改革」や「政策」を押し付ける。

　②「行政無謬」の神話に寄りかかって、これまで行ってきた改革、政策、行政が学校教育を本当に良くしているのかどうかの検証を十分しないままに、上の①の新たな「押し付け」をくり返している。

　③教師の教える仕事の難しさと性格（本書第Ⅱ部で歴史も振り返りながら分

析・解明したような）にまったく無理解なままに、いまだに「教師不信」を
下敷きにして教師たちを抑圧・分断する「行政犯罪」をくり返している。

　の３点が書き直す必要なくぴったり当てはまる批判として有効だと判断し
たので、敢えて本書の発行に踏み切った次第である。筆者の真意が伝われば
幸いである。

　(2)　この間のそうした変化について、筆者も決して無視していたわけでは
なく、それを追跡はしてきた。ややアリバイ的になるが、筆者自身が編集長
あるいは編集部員としてその編集に参加してきた雑誌『教育』（教育科学研
究会編）では、この間、そうした新しい動向を特集として取り上げてきた。
たとえばそれは以下のようである。

　１）新学習指導要領の改訂作業で出されている問題について
　　　　『教育』2016年10月・特集1：学習指導要領の新たな変質
　　　　『教育』2016年11月・特集1：アクティブ・ラーニング⁉
　２）「○○スタンダード」各種や「ゼロトレランス」の押し付けについて
　　　　『教育』2015年4月・特集1：教室にやわらかな出会いを
　　　　『教育』2016年6月・特集1：「学校スタンダード」が変えるもの
　３）教員制度改革（不適格教員の教職排除、教員養成制度の改訂）について
　　　　『教育』2013年1月・特集2：教師の適格性と分限処分
　　　　『教育』2016年7月・特集2：「教師教育改革」はどこへ行く

　もしこれらの問題に関心のある方は、参考にしていただければ幸いである。
筆者自身も、これらの問題について、別稿を期したいと思うし、研究仲間と
「2)」についての書物作成を企画中でもある。また「1)」に関しても、筆
者自身が教科研の『教育』編集長を降りて編集部員となった（2016年の4月
に）後に、同「出版・発信事業部」の担任責任者に移動したので、上記
「1)」に挙げた2冊の『教育』特集を土台に、新著作の企画・編集について
仲間たちと相談・構想している。

（3）　弁明やアリバイが先になってしまったが、本書の目標は、日本の教師たちが現在、どれほどひどい圧迫・抑圧の（「ブラック」な）状況に置かれているのかを明らかにし、それを先頭になって進めている教育政策・教育行政が、どうしてそうなるのかを日本の教師の歴史と文化のなかにたどり、教員文化・学校文化の歴史的に果たしてきた役割とその変化を明らかにすることで、それを果たそうとした。そしてそこから、教師の困難を希望へと変換する回路、その可能性を教員文化・学校文化の組み換えの課題として検討した。

　筆者のこうした議論とその筋が、どれだけの説得力があるものかは、読者の批評にお任せする以外にない。ただ筆者としては、本書が、日本の学校教育を毎日・毎時間支えながら努力・苦闘しておられる教師たちにとって、自分たちのおかれた状況に少しでも理解が進み、慰めや励まし、そして希望を感じていただければ、望外の幸せである。

（4）　まったく私的なことになるが、私の母は1999年に亡くなったのだが、1908年生まれでかつて教師だった。私が大学院に進学して以来、さまざまの長・短の論文や著作を出す度に、それを実家に送っていたが、後に聞いた話では、母はそれらすべてに一応目を通していたようだ。そして私が、1988年2月に『教員文化の社会学的研究』（多賀出版）を編著として刊行した際に、初めて母から私の論文について手紙を貰った。そこには「これまで、お前の書いたものはどれも読んできたが、何のためにどうしてこういうものを書いているのか全然わからなかった。ただし、今回の本だけは違った。お前の書いた3か所がとてもよく分かったし内容もとても良いと思った。これからは、ぜひこういう研究をしなさい」という趣旨のことが書いてあった。同書については他の方からも書評や批評を貰ったが、私にとっては母のこの手紙の言葉が大きな励ましとなった。自分が考えた「教員文化」というものが、教師であった母に理解されたことが嬉しかった。それ以来、教師に関する書物を10冊近く刊行したが、それらはすべて編著であった。

あとがき　229

本書は、私にとって教師問題に関する初めての単著である。私は本書をいまは福岡県の郷里の墓地に眠る母に捧げたい。「不十分ながら、何とか『日本の教師』という表題の本を出すことが出来ました」という言葉を添えて。読者の皆さまには、筆者のこの身勝手をお許しいただきたいと思う。

　⑸　本書「プロローグ」の末尾〔追記〕にも書いたが、本書脱稿後に、とり上げた大川小学校の津波被災事件について、仙台地裁の判決が出された。それは、本書の「プロローグ」はいうまでもなく、書物全体についても強く関連するできごとであった。またそれは、筆者個人でなく筆者も関わって作成している教育科学研究会の雑誌『教育』各号特集や、企画・構想されている各種出版物に直接・間接に実質的関連を持つものだった。

　そのことを踏まえて、筆者は自分の本書「プロローグ」の原稿を、教科研常任委員メンバーにメールを通して送り、「単著を出す予定。その冒頭にこういう『プロローグ』を置こうとしているが、一読して誤りや無理解、不適切などの点があれば連絡を」とお願いをした。数日の間に15人を超える人たちから返事をもらい、筆者の知らなかった情報や資料、修正すべきポイント、一読者として違和感を感じる点、などなど貴重な疑問・意見・示唆をもらった。本書はそれらを受けて再考した上で著者校正段階で「プロローグ」部分と第Ⅱ部第8章「1⑵」の「再考」部分とを、やや大幅に修正・加筆したものである。

　この教科研の信頼できる友人たちに、そしてその親切に心から感謝したいと思う。

　⑹　「あとがき」⑴の冒頭にも書いたように丸2年間も遅れた怠慢な筆者を、いつも温かい眼で見守り、少しでも原稿の章が進むと適切なコメントをいただき、仕上がるまで忍耐強く待っていただいた、新日本出版社の編集長・田所稔さんと、同編集部・五島木実さんの存在がなければ、この本が仕上がることは決してなかったことを思い、いまは遅れ遅れの怠慢に対して謝

罪すると共に、その温かな励まし・見守りに感謝するばかりである。

　また五島さんの担当変更を機に、その編集作業を引き継いでくれた同編集部・角田真己さんには、脱稿した後の、入稿・校正・再編集にかかわる諸作業を、筆者自身が驚嘆するほどのていねいさで的確・迅速に進めていただいた。彼のこの助力がなければ、この書物がいまのこの姿で世に出ることはなかったことを思い、そのご努力に深謝することで、この「あとがき」を閉じることにしたい。

2016年11月　　久冨　善之

久冨善之（くどみ・よしゆき）

1946年、福岡県生まれ。一橋大学名誉教授。教育社会学。
東京大学教育学部卒業。1974年同大学院教育学研究科博士課程単位取得退学。北星学園大学専任講師・助教授、埼玉大学助教授、一橋大学助教授・教授などを歴任。
『教育をつくる』（共編著、旬報社、2015年）、『新採教師の死が遺したもの』（共編著、高文研、2012年）、『ペダゴジーの社会学』（共編著、学文社、2013年）、『教師の専門性とアイデンティティ』（編著、勁草書房、2008年）、『教員文化の日本的特性』（編著、多賀出版、2003年）、『競争の教育』（労働旬報社、1993年）、『豊かさの底辺に生きる』（編著、青木書店、1993年）、『教員文化の社会学的研究』（編著、多賀出版、1988年）、『現代教育の社会過程分析』（労働旬報社、1985年）など著書、訳書多数

日本の教師、その12章──困難から希望への途を求めて

2017年1月15日　初　版

著　者	久冨善之
発行者	田所　稔

郵便番号　151-0051　東京都渋谷区千駄ヶ谷4-25-6
発行所　株式会社　新日本出版社
電話　03（3423）8402（営業）
　　　03（3423）9323（編集）
info@shinnihon-net.co.jp
www.shinnihon-net.co.jp
振替番号　00130-0-13681
印刷　亨有堂印刷所　製本　小高製本

落丁・乱丁がありましたらおとりかえいたします。
©Yoshiyuki Kudomi 2017
ISBN978-4-406-06116-2　C0037　Printed in Japan

Ⓡ〈日本複製権センター委託出版物〉
本書を無断で複写複製（コピー）することは、著作権法上の例外を除き、禁じられています。本書をコピーされる場合は、事前に日本複製権センター（03-3401-2382）の許諾を受けてください。